NATALIE AMIRI
DÜZEN TEKKAL
Herausgeberinnen

Die mutigen Frauen Irans

ELISABETH
SANDMANN
VERLAG

WIR HABEN KEINE ANGST!

WIR SOLLTEN WIEDER AN DIE KRAFT DER MENSCHEN GLAUBEN. AN DIE KRAFT DER WERTE, DIE UNS VEREINEN.

VORWORT
NATALIE AMIRI

Die Bedeutung von Freiheit, Rechtsstaatlichkeit und Frieden war mir mit 19 Jahren, als ich ein Praktikum bei einer iranischen Zeitung in Teheran annahm, nicht bewusst. Ich hatte mich nie damit beschäftigt. Schließlich war ich in Deutschland geboren, einem Land, das mir diese Konzepte uneingeschränkt schenkte. Erst durch das Abhandenkommen dieser Umstände in der Islamischen Republik Iran und durch die permanente Demonstration dessen, mein Leben nicht selbstbestimmt leben zu können, durch das Fehlen von Faktoren wie Sicherheit, Ruhe, Verlässlichkeit, begann ich darüber nachzudenken und zu spüren, wie wichtig dieses Fundament von Freiheit, Rechtsstaatlichkeit und Frieden ist, für eine gerechte und friedliche Gesellschaft, in der jeder Mensch authentisch und frei ohne Diskriminierung und Unterdrückung leben kann. Über Nacht all der Privilegien eines demokratischen Staates beraubt, begann ich mich nach einer anfänglich erstarrten Regungslosigkeit an den iranischen Frauen zu orientieren, um wieder die Hoheit der Selbstbestimmung zu erreichen. Auch wenn mir diese nie durch den Staat garantiert wurde (als Doppelstaatlerin werde ich im Iran nur als Iranerin gesehen, die deutsche Staatsbürgerschaft ist im Iran nicht anerkannt). Ich besann mich darauf, von den iranischen Frauen zu lernen, um zu überleben: Emanzipation, Feminismus und – das Kämpfen.

Als Co-Autorin dieses Buches und als Journalistin, die lange für die ARD als Korrespondentin und Büroleiterin im Iran gearbeitet hat, kann ich sagen, dass mich die Geschichten der Frauen und ihr Kampf in der Islamischen Republik Iran immer tief bewegt haben. Ich habe mit ihnen gesprochen, ihre Tränen gesehen und ihre Leidenschaft für Freiheit und Gerechtigkeit erlebt. Ihren Stolz.

Sie haben mir nicht nur die schmerzhafte Realität von Unterdrückung und Menschenrechtsverletzungen aufgezeigt, sondern auch ihre unglaubliche Stärke und ihren Mut, trotz alledem Rechte einzufordern, die man ihnen genommen hatte. Die Menschenrechtsanwältin Nasrin Sotoudeh sagte mir, als ich sie für dieses Buch fragte, wie sie mit der Bedrohung lebe, jeden Moment zurück ins Evin-Gefängnis gebracht werden zu können: »Alle, die den gewaltlosen Kampf betonten, betonten auch die Akzeptanz des Leidens.« Sie haben lange gelitten, die Frauen Irans. 44 Jahre lang wurden sie systematisch vom Regime diskriminiert. Aber gleichzeitig sind sie Heldinnen.

Die Revolution im Iran, die im September 2022 mit den Protesten nach dem Tod von Jina Mahsa Amini begann, empfinden viele Frauen als die Zielgerade eines langen Kampfes gegen das Regime. Die Töchter der Islamischen Revolution haben sich lange auf den Kampf gegen die Verschleierungspflicht konzentriert. Ideologisch zu starr, wollte ihnen das Regime nicht entgegengekommen. Jetzt ist es zu spät. Für das Regime. Die iranischen Frauen, und nun sind es vor allem die Enkeltöchter der Revolution, wollen keine Zugeständnisse mehr, sie wollen das, was jedem Menschen auf der Welt zustehen sollte: Freiheit, Rechtsstaatlichkeit und Frieden. Vorstellungen und Werte, die in der Islamischen Republik nicht vorgesehen sind.

Düzen Tekkal und ich, gemeinsam mit Elisabeth Sandmann und Anne Stukenborg vom Elisabeth Sandmann Verlag, haben uns im Oktober 2022 dazu entschlossen, dass die Geschichten dieser unglaublich mutigen iranischen Frauen, die in diesem Buch zu Wort kommen, gehört werden müssen. Wir wollen mit diesem Buch sicherstellen, dass niemand sagen kann: Das wusste ich nicht. Diese 15 Frauen sind repräsentativ für den Kampf aller Frauen im Iran. Ihr Kampf hat nicht erst im September begonnen. Er dauert seit vier Jahrzehnten an.

Es ist meine tiefe Überzeugung, dass wir alle eine Verantwortung haben, uns für die Rechte dieser Frauen einzusetzen. Wir können nicht zulassen, dass ihre Stimmen ungehört bleiben und dass Unterdrückung und Menschenrechtsverletzungen in der Islamischen Republik fortgesetzt werden.

Wir wollen mit diesem Buch mehr, als einzelne Geschichten starker Frauen veröffentlichen. Ihre Worte stehen auch für die von religiösen oder ethnischen Minderheiten wie den Kurden, Belutschen, Bahá'i und all denen, die auf die Straße gehen, um ihre Stimme zu erheben.

Es ist die Geschichte von Menschen, die tanzen wollen, ohne Angst vor Verhaftung. Es ist die Geschichte von Menschen, die sich küssen wollen, ohne dafür bestraft zu werden. Es ist die Geschichte von Schwestern und Brüdern, die für ihre Rechte und für ihre Freiheit kämpfen.

Es ist die Geschichte von Menschen, die sich gegen marode Denkweisen und Scham wenden. Es ist die Geschichte von Menschen, die sich nach einem normalen Leben sehnen, frei von Armut und Korruption. Es ist die Geschichte von Kindern, die Träume haben und sich eine Zukunft wünschen, frei von verschmutzter Luft und vertrockneten Bäumen.

Es ist die Geschichte von Menschen, die sich für den persischen Leoparden und für unschuldige Tiere einsetzen. Es ist die Geschichte von Menschen, die weinen, weil sie mehr wollen als nur ein weiteres Bild dieses Moments. Es ist die Geschichte von Menschen, die lächeln wollen, trotz aller Tränen.

Es ist die Geschichte von Studierenden, die für ihre Zukunft kämpfen. Es ist die Geschichte von Menschen, die gegen ein aufgezwungenes Paradies rebellieren. Es ist die Geschichte von Menschen, die für die Freiheit der inhaftierten Elite und für afghanische Kinder kämpfen.

Es ist die Geschichte von Menschen, die für den Seelenfrieden und für eine bessere Zukunft kämpfen. Es ist die Geschichte von Menschen, die für das Mädchen kämpfen, das sich wünschte, ein Junge zu sein, und für die Frauen, die ihr Leben und ihre Freiheit fordern. Danke Shervin Hajipour für dein Lied »Baraye«, das Vorlage für die letzten Zeilen war.

Zu Beginn der Revolution im Iran führte ich ein Gespräch mit einer Freundin aus Teheran, das ich niederschrieb:

Was, wenn wir es schaffen dieses Regime zu stürzen?

Dann würde es einen Iran geben, der mit Israel befreundet wäre.

Dann bräuchte Israel weniger Waffen, genauso wie Saudi-Arabien, es gäbe keinen Krieg im Jemen.

Irak könnte seine eigene Politik bestimmen.

Die Hisbollah und die Hamas hätten keinen Finanzierer mehr.

Russland würde keine Drohnen mehr geliefert bekommen, die sie im Krieg gegen die Ukraine einsetzen.

Putin würde geschwächt werden, denn ihm würde ein mächtiger Verbündeter in der Region fehlen.

Die Gefängnisse, in denen unsere Intellektuellen, unsere Anwältinnen und politischen Gefangenen leiden, wären leer.

Man müsste sich nicht mehr fürchten vor einer Atombombe in den Händen der Mullahs.

Und eine Frau wäre Präsidentin, die als ersten Amtsakt die Gewaltenteilung herstellt und Menschenrechte verankert.

Utopie, nicht Dystopie! Wir sollten unser Mindset ändern. Die iranischen Frauen glauben daran. Ist es wirklich so weit gekommen, dass wir nicht mehr daran glauben, dass sich etwas hin zum Guten entwickeln kann. Rita, die israelische Pop Queen mit iranischen Wurzeln sagte mir im Interview für das Buch: »Viele israelische Freunde erzählen mir, dass die Menschen, denen sie sich am meisten verbunden fühlen, Iraner und Iranerinnen sind. Beide finden, außerhalb unserer Landesgrenzen, sehr schnell Anschluss, weil sie dasselbe fühlen.«

Wir sollten wieder an die Kraft der Menschen glauben. An die Kraft der Werte, die uns vereinen.

Die Menschen im Iran haben mich und meinen gesamten Werdegang geprägt. Ich habe immer wieder mit meinem iranischen Kameramann über unsere gemeinsamen Jahre im Iran gesprochen, in denen wir permanent bedroht wurden, verhaftet, rote Linien überschritten haben, das ARD-Büro geschlossen werden sollte, ich meine Pressekarte entzogen bekam. Ausreisegesperrt war. Und mehr als einmal habe ich durchgespielt, wie es ist, im Gefängnis zu sitzen.

Am Ende waren wir immer ein bisschen mutiger, als wir dachten, es sein zu können. Und das habe ich nicht in Deutschland gelernt. Das lehrten mich die Menschen im Iran, immer ein bisschen mutiger sein zu können, als wir denken. Und insbesondere die mutigen Frauen haben mir dies vorgelebt. Sie haben diesen Weg nicht gewählt, weil sie ihn sich aussuchten, sie wählten diesen Weg, weil sie es mussten. Der bewegende Text von Jasmin Shakeri bringt es auf den Punkt: »Die Jugend im Iran, die Jugend in Afghanistan, Syrien, Eritrea, Irak, Myanmar, der

Ukraine, Palästina, dem Jemen, die Geflüchteten an den EU-Außengrenzen, die Familien in undichten Schlauchbooten auf dem Mittelmeer – diese Menschen, die nicht unseren Jackpot gezogen haben, haben nur zwei Optionen und keine Wahl: Entweder jetzt riskieren zu sterben oder ein Leben lang sterben.«

Wir haben in Deutschland das wunderbare Recht, sprechen zu dürfen, unsere Meinung zu sagen, laut zu sein. Wenn also nicht wir, wer dann, sollte auf das menschenverachtende Unrecht in der Islamischen Republik aufmerksam machen und den mutigen Frauen Irans eine Möglichkeit geben, dass ihre Stimmen gehört werden.

Die Herausgeberinnen
Natalie Amiri und Düzen Tekkal

DIE ZEIT DER ANGST IST VORBEI. WIE DIE FRAUEN IRANS GESCHICHTE SCHREIBEN.

VORWORT
DÜZEN TEKKAL

Die Frauen, die in diesem Buch zu Wort kommen, sollten – wenn es nach dem Willen des Mullah-Regimes ginge – tot sein. Dass sie noch leben, ist ihrem Mut, ihrer Klugheit und einer Gemeinschaft zu verdanken, die sich über die Jahre hinweg im Iran gebildet hat. Die Menschen haben aus den Erfahrungen der letzten zwanzig Jahre gelernt. Denn es ist nicht die erste Widerstandsbewegung im Iran, die das Regime mit brutaler Gewalt zu zerschlagen versucht. Aber der Zusammenhalt ist dieses Mal größer als in allen anderen vorherigen. Die Menschen lassen sich nicht länger gegeneinander ausspielen: Frauen gegen Männer, Perser gegen Kurden, Kurden gegen Belutschen. Das funktioniert nicht mehr.

Die Bewegung für »Frau, Leben, Freiheit« hat international hohe Wellen geschlagen – und selten war die iranischstämmige Diaspora mit den Menschen im Land selbst so hinter einer Sache vereint. Sie alle wollen den Sturz des Geschlechter-Apartheid-Regimes und der religiös legitimierten Diktatur im Iran, die seit nunmehr 44 Jahren an der Macht ist und die Zivilgesellschaft unterdrückt.

Der Kampfesruf der Revolution »Jin, Jiyan, Azadî«, der sich nach dem Mord an und dem Begräbnis von Jina Mahsa Amini in der Region Saqqez, ihrem Herkunftsort, erhob, wurde schnell in alle Teile des Landes getragen.

In Isfahan, Masshad, in Rascht, in Teheran fand er seine Übersetzung ins Persische: »Zan, Zendegi, Azadi«. Zeitgleich erhoben sich die Belutschen in der Region Sistan-Belutschistan, im Südosten des Landes. Die Belutschen sind sunnitische Muslime hanafitischer Prägung – und werden, wie die Kurden und andere Minderheiten, in der Islamischen Republik Iran unterdrückt. Die kurdischen und belutschischen Gebiete werden nicht umsonst von den Dissidenten die »blutigen Flügel der Revolution« genannt. Gegen die Demonstrierenden in diesen Landesteilen ging und geht das Regime mit besonderer Härte vor. Ani, eine Musikerin und Künstlerin, die ebenfalls aus Saqqez stammt, berichtete mir davon, welche Todesängste sie ausstand, als sie am Grab Aminis stand, während der Friedhof von Repressionskräften des Regimes umstellt war. Wie tief der Schmerz sitzt, konnte ich im Interview für dieses Buch mit

Fariba erleben, einer belutschischen Menschenrechtsaktivistin. Sie bricht in Tränen aus, als wir über die langanhaltende Unterdrückung ihrer Gemeinschaft sprechen, die keinerlei Daseinsberechtigung in der Islamischen Republik Iran hat. Den Menschen wurde von den Machthabern sehr viel Leid angetan. Sie haben wenig zu verlieren und eine neue Welt zu gewinnen. Eine Stimmung, die in der gesamten iranischen Zivilgesellschaft präsent ist, und die sich im Slogan »Jin, Jiyan, Azadî« transportiert. Mir begegnete er zum ersten Mal im Genozid an den Jesiden. Die kurdischen Soldatinnen führten ihn auf den Lippen, als sie gegen Daesch, den sogenannten »Islamischen Staat«, zu Felde zogen – und ihn besiegten. Meine Schwestern und ich realisierten, dass »Jin, Jiyan, Azadî« fest zur Kernidentität unserer Arbeit gehört, die wir mit unserer Menschenrechtsorganisation HÁWAR.help machen. 2016 gründeten wir sie auf der Asche des Völkermords an unserer eigenen Religionsgemeinschaft, den Jesiden, verübt von eben jenem »Islamischen Staat«. »Frau, Leben, Freiheit«, in diesem feministischen Freiheitsgeist wurden wir Tekkal-Schwestern und ich von klein auf erzogen und mit ihm im Herzen waren wir angetreten, um Menschen aus dem langen Schatten des Genozids herauszuhelfen. Die Fahnen der Unterdrücker mögen andere Farben tragen, doch der Schrecken, der von ihnen ausgeht, ist derselbe. Die Menschen in Belutschistan skandieren regelmäßig bei Protesten: »Basiji, Sepahi, ihr seid unser Daesch«. Basiji sind die gefürchteten Paramilitärs, die auf Motorrädern Jagd auf die Demonstrierenden machen. Sepahis sind die Revolutionsgardisten, die Elite-Kämpfer des Regimes.

Die Aktivistin Masih Alinejad, die meine Kollegin Natalie Amiri für dieses Buch interviewt hat, sagte kürzlich »Die Islamische Republik ist wie der IS, nur mit Öl.« Kaum etwas ist treffender! Was Daesch anstrebte zu schaffen, gab es im Prinzip schon. Einen Islamischen Staat, der auf Misogynie, auf Frauenverachtung und religiösen Fanatismus begründet ist, der sein Modell am liebsten in die ganze Welt tragen möchte – und für den Religionsfreiheit und Vielfalt Fremdworte sind. Deswegen war für uns ganz klar: Der Kampf der mutigen Frauen – aber auch der Männer im Iran, die sich hinter und, wenn es sein muss, auch vor sie stellen, wenn die Repressionskräfte des Regimes mit Knüppeln und Gewehren heranrücken –, das ist auch unser Kampf! Deswegen haben wir von Tag 1 an, nach dem Mord an Jina Mahsa Amini und den Protesten, die dieser Mord auslöste, auch gesagt: Das ist eine Revolution! Schaut genau hin! Die Menschen im Iran und die Menschen, die sich im Ausland an ihre Seite stellen, schreiben gerade Geschichte. Wie immer gilt: »The future is unwritten« – Die Zukunft ist ungeschrieben. Man weiß nicht, was aus dieser Revolution wird. Ich hoffe jeden Tag, dass sie Erfolg hat, dass eines der mörderischsten Regime überhaupt zu Fall gebracht werden kann. Aber feststeht: Der Effekt von »Jin, Jiyan, Azadî« ist in der Welt und er geht über die Landesgrenzen Irans hinaus. Im Nachbarland Afghanistan führen ihn Frauen jeden Alters auf den Lippen, um gegen das Regime der Taliban zu protestieren, die ebenfalls eine religiös begründete Männerherrschaft installieren. Gegen die rigorosen Kleidervorschriften und die Verbannung aus dem öffentlichen Leben rührt sich auch hier Widerstand. So findet sich der Slogan als Graffito schon auf der ein oder anderen Mauer in Afghanistan. Es ist dieser Ruf der (und nach) Freiheit, der instinktiv verstanden wird und Frauen zu einer machtvollen, furchtlosen Stimme verhilft. Davon kann sich der Leser, die Leserin, auf den folgenden Seiten überzeugen.

Unser Buch ist eine Momentaufnahme in diesem anhaltenden Prozess der Revolution und ich bin dankbar, mit dem Handwerk der Journalistin, das ich gelernt habe, daran teilzuhaben. Damit eines Tages »Frau, Leben, Freiheit« zur DNA einer demokratischen Verfassung einer neuen Iranischen Republik und – wer weiß – vielleicht weiterer Länder im Nahen Osten wird. Nicht zuletzt können wir sehr viel von den mutigen Frauen Irans – unter ihnen die Kurdinnen und Belutschinnen, Frauen wie Ani und Fariba – und Afghanistans lernen: Denn auch in unserem vermeintlich aufgeklärten Westen wird die Selbstbestimmung von Frauen und der Status gesellschaftlicher Minderheiten von fanatischen und patriarchal-nationalistischen Kräften zunehmend in Frage gestellt.

GHAZAL ABDOLLAHI

Die iranische Fotografin Ghazal wurde 1994 als Tochter der Journalistin, Fotografin, Menschen- und Frauenrechtsaktivistin Aliyeh Motallebzadeh und des Filmregisseurs und Drehbuchautors Sahi Abdollahi in Teheran geboren. Sie studierte am College of Dramatic Arts der Teheraner Kunstuniversität, konnte ihr Studium aber nicht abschließen, weil sie mit nicht korrekt sitzendem Hijab vor der Universität aufgegriffen wurde. Ab September 2022 beteiligte sie sich an den Massenprotesten in Teheran und floh im November des gleichen Jahres nach Deutschland. Ihre Mutter war 2016 verhaftet und zu drei Jahren Haft verurteilt worden, seit Oktober 2020 ist sie im Evin-Gefängnis.

Bevor meine Mutter verhaftet wurde, hatte ich nicht viele Sorgen

Da ich mein Studium an der Universität nicht abschließen konnte, begann ich als Fotografin, Bühnenbildnerin und Schauspielerin im Theater zu arbeiten. Als 18-jähriges Mädchen, das davon träumt, Schauspielerin zu werden, hatte ich nicht viele Sorgen. Doch dann wurde meine Mutter 2016 verhaftet und alles aus unserem Haus mitgenommen – Telefone, Computer und Festplatten, die unter anderem auch die persönlichen Archive meiner Mutter enthielten. Einen Monat lang wurde sie im berüchtigten, dem Geheimdienst unterstehenden Trakt 209 des Evin-Gefängnisses verhört. Dabei haben sie ihr auch gedroht, dass sie gegen mich ebenfalls ein Verfahren eröffnen würden, weil sie verräterische Daten auf meinem persönlichen Laptop gefunden hätten; das passiert vielen Gefangenen. Von da an wusste ich, dass sie meine Schritte verfolgten, sobald ich ausging, oder meine Telefonate belauschten. Inzwischen ist das fast schon normal: Wir wissen, dass sie uns zuhören, und wir müssen vorsichtig sein, worüber wir reden.

Nach einem Monat kam meine Mutter zwar frei, musste aber auf die Entscheidung des Gerichts warten. Das verurteilte sie wegen Propaganda gegen das System, der Teilnahme an Versammlungen und der Anstiftung zu Handlungen gegen die nationale Sicherheit zu drei Jahren Haft. Am 13. Oktober 2020 kam sie wieder ins Evin-Gefängnis.

Die Regierung schloss auch die Filmproduktionsfirma meines Vaters und erlaubte ihm nicht mehr, in seinem eigenen Land zu arbeiten. Ich war schon vorher politisch aktiv gewesen; nach diesen Vorkommnissen aber wurde ich noch viel aktiver. Als Tochter einer Mutter in Haft ging ich jede Woche ins Gefängnis, um sie in diesen kalten, dunklen Zellen zu besuchen. Dabei sah ich all die anderen, die ebenfalls inhaftiert waren, es zum Großteil immer noch sind ... Vorher waren das für mich nur Namen, nun aber wurden diese Menschen für mich real.

Nicht nur mein Verstand, auch mein Körper lehnte das Kopftuch ab

Als ich ein Teenager war, etwa mit 15 oder noch jünger – dem Alter jedenfalls, in dem jedes Mädchen anfangen muss, auf der Straße den Hijab zu tragen – lehnte nicht nur mein Verstand, sondern auch mein Körper dieses Kopftuch ab. Ich schämte mich, in der Öffentlichkeit auf der Straße damit zu erscheinen, und es dauerte lange, bis ich die Pflicht, es zu tragen, für mich akzeptieren konnte – oder zumindest so tun, als ob ich mich fügte. Ich kann mich gut erinnern, wie meine Mutter in dieser Zeit meinetwegen einmal in einen Streit mit der Führungspatrouille geriet.

Ab diesem Zeitpunkt lebte ich anders. Ich lernte, anders zu denken, zu reden, mich zu öffnen, eine Diskussion zu führen, zu wissen, dass es mein Recht ist, mir mein Recht zu nehmen ... Eigentlich war ich von klein auf so, und wo immer ich hinging, ob in die Schule, zur Universität, in Cafés, U-Bahn-Stationen und Taxis – alles war eine Herausforderung für mich.

2015 wurde ich ganz in der Nähe meiner Universität auf der Straße verhaftet, weil ich den Hijab nicht richtig trug. Meine Mutter hatte mir immer gesagt, nur weil du einmal Glück hattest, heißt das nicht, dass es immer so bleiben wird. Sie schlagen dich, beschimpfen dich und nehmen dich schließlich mit Gewalt mit. Also sei die ganze Zeit vorsichtig. Wir alle wussten, was geschehen kann, wir hatten auch in Videos gesehen, wie sie die Leute behandeln. Die wirklich schlimmen Dinge sind mir nicht passiert. Zwei Frauen – weibliche Offiziere – kamen auf mich zu und sagten, ich solle mit zum Van kommen und dort etwas unterschreiben, dann könne ich wieder gehen. Ich weigerte mich, sagte, ich könne nicht mitkommen, hätte gleich Unterricht, sei schon spät dran ... (es kursierten damals diverse Geschichten über Autos, die wie Streifenwägen aussahen und als Mittel genutzt wurden, um Mädchen zu entführen.) Auch ein Mann kam nun aus dem Van und forderte mich auf, einzusteigen. Ich sagte: »Ich werde nicht einsteigen, ich weiß ja nicht einmal ob Sie die echte Polizei sind.« Er entgegnete: »Ihr Mädels steigt in so viele Autos von so vielen Leuten, die ihr nicht kennt – was macht das jetzt für einen Unterschied?« Inzwischen füllte sich die Straße um uns herum mit Leuten, die weiblichen Offiziere sagten: »Schau, du hältst den ganzen Verkehr auf. Zwing uns nicht, dich mit Gewalt mitzunehmen.« Ich stand still und war darauf gefasst, mit Gewalt ins Auto gezerrt zu werden, da sagte die Frau: »Gib uns deinen Ausweis.« Ich gab ihr meinen Studentenausweis; die Offiziere nahmen ihn und drohten, dass ich der Universität verwiesen würde. Ich bin nach außen hin gelassen geblieben und lächelte: »Das ist mir egal, ihr könnt mir keine Angst machen«, sagte ich. Doch als sie weggingen, war ich wütend und verängstigt. Solche Erinnerungen hat so gut wie jedes Mädchen im Iran. Was sie in uns hinterlassen, wenn wir die Konfrontation mit der Polizei überleben, sind Demütigung, Angst und Hass.

Ich habe begriffen, dass man die wahre Natur dieses Regimes nicht ändern kann

Mit der Korruption, Manipulation, Lüge und Gewalt, die im Iran herrschen, kann sich niemand in seinem Inneren arrangieren. Würde man einen Weg finden, dass diese Dinge einem nicht mehr schaden, verlöre man sich, sein Selbst und seine Seele.

Ich habe begriffen, dass man die wahre Natur dieses Regimes nicht ändern kann, nicht ihre Taten, nicht den Glauben, den sie schon in jungen Jahren in die Köpfe der Menschen pflanzen; das ist wie eine Endlosschleife. Diese Regierung hat so sehr versucht, die Menschen nicht zu verlieren, doch jetzt, nach vielen Jahren der Diktatur, kehren sie ihnen den Rücken zu. Ich habe mir in jungen Jahren gesagt, dass ich den Schmerz und die Spuren, die er in mir hinterlässt, akzeptieren und als Energiequelle nutzen muss. Ich wache jeden Morgen mit dieser Wut, diesem Schmerz in meinem Körper auf. Dieser Schmerz bringt mich dazu, aufzustehen.

Jetzt sind wir alle wach, und diejenigen, die wach sind und einen klaren Blick auf die Dinge haben, sind nicht mehr in der Minderheit. Wir sind jetzt die Mehrheit.

Mehr als 90 Prozent meiner Freunde wurden verhaftet

Nach der Ermordung von Mahsa Amini und seit Beginn der Revolution bin ich immer wieder auf die Straße gegangen. Von Anfang an wurden ich, meine Familie, Freunde von uns und vor allem meine inhaftierte Mutter viel mehr unter Druck gesetzt als vorher. Mehr als 90 Prozent meiner Freunde wurden verhaftet; dabei waren einige von ihnen nicht einmal Aktivisten. Die anderen 10 Prozent hatten und haben immer noch Angst, verhaftet zu werden.

Oft war ich nah dran, auf der Straße verhaftet zu werden, während ich protestierte. Ich wurde mit Paintballkugeln beschossen und geschlagen, bevor ich es schaffte, mit Hilfe anderer Demonstrant:innen wegzulaufen. Mein Freund wurde verhaftet, als wir getrennt wurden, während wir vor den Wachen wegliefen. Sie nahmen ihn mit – wir wussten nicht wohin, denn sie hatten sein Telefon –, und haben ihn geschlagen und bis zum Morgen unablässig gefoltert.

Seit ich nach Deutschland gekommen bin, ist das Schwerste für mich, zu begreifen, dass ich hier frei sprechen kann. Ich übe gerade und zerschlage einige Mauern in meinem Kopf. Das Gefühl, dass mich immer jemand beobachtet und überall ist, wohin ich auch gehe, habe ich allerdings immer noch.

Unterdrückung, Frustration, Wut und Trauer sind nach wie vor in meinem Blut – wie ein Gift, das alles beeinflusst. Ich fühle mich wie festgefroren in der Zeit. Jede Idee, die ich für meine Arbeit habe, basiert auf dem, was gerade passiert oder schon passiert ist. Wenn wir diese Revolution gewonnen haben, werden wir viele gute Filme machen und Literatur verfassen, jetzt aber bin ich eingefroren. Das geht nicht nur mir so, sondern vielen Künstlern – auch der Zustand selbst ist nicht neu, sondern beherrscht uns schon seit über 40 Jahren.

Alles, was ich schreiben will, jedes Projekt, das mir vorschwebt, sowohl zu Hause im Iran wie auch hier, hat einen politischen Hintergrund. Deshalb ist es mir und vielen anderen Gleichgesinnten nicht mehr möglich, im Iran zu arbeiten. Und als Künstlerin kannst du deine Augen vor diesem Schmerz nicht verschließen. Es berührt dich und deine Seele.

Meine Eltern haben mich zur Freiheit erzogen

Ich bin in einem völlig anderen Umfeld aufgewachsen als die meisten anderen Mädchen in meinem Land. Meine Eltern hatten ganz andere, freiere Vorstellungen; ich wurde mit dem Bewusstsein groß, dass sie eher meine Freunde sind als meine Eltern. Manche meiner Freundinnen sind über 40 und immer noch nicht in der Lage, persönliche Dinge für sich selbst zu entscheiden. Was mich wirklich schockiert, ist, dass auch sie aus gebildeten Familien kommen. Üblicherweise ist es für junge Menschen im Iran der erste Schritt in die Freiheit, aus dem Schatten ihrer Eltern herauszutreten und sich deren Vorstellungen zu widersetzen. Genau das gleiche tun sie jetzt auch mit der Regierung.

Plötzlich unterstützen sich Männer und Frauen

Aus meiner Sicht ist es so: Wir Frauen hätten diese Unterstützung von Männern in normalen Zeiten nie erwartet. Nicht einmal die Frauen haben sich früher gegenseitig den Rücken gestärkt. Das war noch viel verletzender. Wir waren alle gegeneinander. Wenn ich vor der Revolution auf die Straße gegangen bin, hatte ich das Gefühl: Jede:r ist ein Feind. Wir hatten kein Vertrauen zueinander. Doch mit Beginn der Revolution öffneten sich unsere Herzen, und das Vertrauen, die Liebe, kamen zu uns zurück. Jetzt steht jeder hinter dem anderen. Auch die Männer haben begriffen, dass wir alle gemeinsam in dieser Sache stecken und gemeinsam all diese Jahre gelitten haben. Jetzt sehen Männer und Frauen, Junge und Alte, Studenten und alle anderen diese Situation klar und erkennen: Wir sind alle Menschen!

Der Sturz eines Diktators ist ein Prozess

Die Menschen haben gezeigt, was sie tun können, sie tun mehr als genug, sie kämpfen für ihre Freiheit. Die Geschichte hat uns gezeigt, dass der Sturz eines Diktators ein Prozess ist, der nur gelingen kann, wenn ausländische Regierungen anfangen, die Iraner und Iranerinnen wirklich zu unterstützen. Doch die meisten wollen letztlich nicht wahrhaben, dass sie vom Mullah-Regime nur zum Narren gehalten werden – und das, obwohl der Sturz der Islamischen Republik auch für die westlichen Länder mehr Vorteile hätte, als wenn das Regime bleibt und von Tag zu Tag mächtiger wird. Denn seine Existenz ist zerstörerisch. Deshalb ist jetzt der richtige Zeitpunkt, um einzugreifen.

Mir selbst gibt es Kraft, wenn ich sehe, dass alles, was wir in den letzten Jahren getan haben, Früchte trägt und wir jetzt die Antworten auf das bekommen, was wir ins Rollen gebracht haben. Und dass nicht alles umsonst war, nicht einmal, dass meine Mutter jetzt im Gefängnis sitzt.

Auch das kollektive Bewusstsein, das jeden Tag mehr wächst, gibt mir Hoffnung. Es verschafft mir die Gewissheit, dass der Tag kommen wird, an dem wir sagen können, dass wir alle ein Teil dieser neuen Freiheit sind und wir alle zur richtigen Zeit gekämpft und reagiert haben. Unsere Wünsche gehen darüber hinaus, aber es ist die Hoffnung auf die kleinen Schritte, die uns in dieser schwierigen Zeit Mut gibt. Die Tage sind bitter und tränenreich, aber wir alle wissen, dass wir uns, wenn wir uns gegenseitig helfen, eine bessere Zukunft aufbauen können.

Ein Bild als Ausdruck von Hoffnung und Liebe

Auch in vielen Büchern, Filmen und Fotos finde ich Rückhalt und die Bestätigung, wie wichtig das ist, was wir jetzt tun. Es gibt ein Foto, es ist eines meiner liebsten, das meine Mutter, Aliyeh Motallebzadeh, vor vielen Jahren aufgenommen hat, dafür aber nie die Anerkennung bekam, die sie verdient hätte. Sie hat es von einem Gebäudedach aus aufgenommen; es zeigt ihre Freundin Nasrin Sotoudeh (siehe S. 124), die damals im Gefängnis war und verlegt werden sollte. Familie, Freunde und ihr Mann wollten sie besuchen; Nasrin wurde in Handschellen herausgebracht. In einer Sekunde versuchte sie, ihren Mann zu umarmen und zu küssen, mit den Handschellen um die Handgelenke. Sie legte ihre Hände um den Hals ihres Mannes und küsste ihn. In diesem Moment machte meine Mutter das Foto und der Zauber war geschehen. Damals hat sie das Foto nicht mit ihrem Namen veröffentlicht, weil die Sicherheitslage im Land und die Verhaftungen, die es zu dieser Zeit gab, so schlimm waren. Bis heute ist das Bild berühmt, wird gepostet und gibt vielen Mut – wie auch viele andere starke Bilder, von denen man nicht weiß, wer sie gemacht hat.

Nasrin Sotoudeh, fotografiert von Ghazals Mutter Aliyeh Motallebzadeh

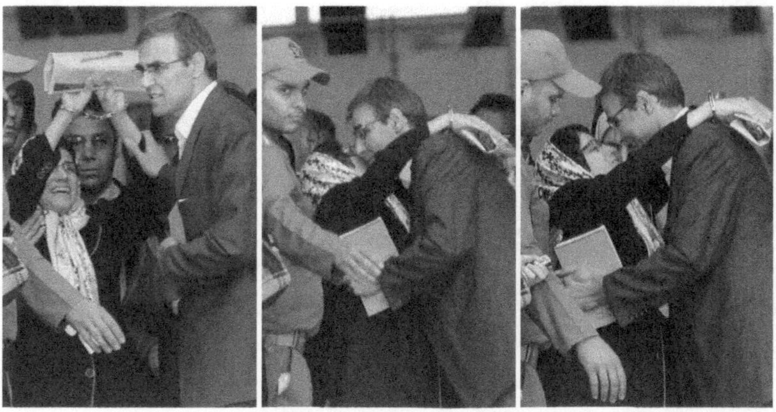

PARASTOU FOROUHAR

Geboren 1962 in Teheran, beschäftigt sich die mittlerweile in Deutschland lebende Konzeptkünstlerin mit politisch relevanten Themen ihres Heimatlandes, etwa der Situation von Frauen in muslimischen Gesellschaften, gestaltet aber auch ganze Räume mit persischer Kalligrafie aus.

Nach ihrem Kunststudium zwischen 1984 und 1990 an der Universität Teheran ging Forouhar 1991 nach Deutschland, um ein Aufbaustudium an der Hochschule für Gestaltung in Offenbach am Main zu absolvieren. Derzeit hat sie eine Professur an der Kunsthochschule der Johannes Gutenberg-Universität in Mainz inne und ist weltweit an Ausstellungsprojekten beteiligt. Um das Gedenken an ihre aus politischen Gründen ermordeten Eltern hochzuhalten und die Aufklärung dieser und weiterer politischer Morde einzufordern, reist sie jedes Jahr nach Teheran. Diese Aktionen werten die iranischen Behörden als oppositionellen Akt und versuchten schon mehrfach, sie durch gerichtliche Klagen oder Entzug des Reisepasses daran zu hindern.

Ich bin Künstlerin und Aktivistin. Beides verbinde ich auf eine sehr persönliche Art, die mit meiner Biografie zu tun hat. Ich stamme aus einer Familie von Dissidenten. Meine Eltern, Dariush und Parvaneh Forouhar, haben sich bei politischen Aktivitäten kennengelernt. Mein Aufwachsen war geprägt von ihrem Kampf für Demokratie und Rechtsstaatlichkeit, meine Kindheit gezeichnet von den jahrelangen Haftstrafen meines Vaters, die das politische Engagement meiner Mutter dennoch nicht verhindert haben. Das blieb in meiner Familie ein Anliegen.

Die Revolution von 1979 *(durch die Schah Mohammad Reza Pahlavi abgesetzt und unter Ayatollah Ruhollah Chomeini die ›Regentschaft der Geistlichkeit‹ eingeführt wurde, Anm. d. Red.)* war mit großen Hoffnungen verbunden, vor allem in den politischen Kreisen, in denen meine Eltern aktiv waren. *(Dariush Forouhar war von 1979 bis 1980 Arbeitsminister im neu gebildeten Revolutionskabinett, Anm. d. Red.)* Doch diese Hoffnungen zerplatzten schnell; alle Versuche, bei dieser neuen Regierung auch demokratische Anliegen zu etablieren, wurden mit äußerst repressiven Methoden unterdrückt. Es kam zu Verhaftungen; auch mein Vater musste, nachdem er bereits während des Schah-Regimes mehrere Haftstrafen verbüßt hatte, erneut ins Gefängnis. Einige gleichgesinnte Mitstreiter meiner Eltern wurden hingerichtet. In den 1980er-Jahren gab es eine große Welle politischer Repressionen; mit ihr kam eine Angststarre, die ich als sehr junge Frau miterlebt habe. Ich habe dann 1984 angefangen, Kunst an der Universität Teheran zu studieren. 1991 bin ich nach Deutschland gegangen, mittlerweile hatte ich zwei kleine Söhne. Ich wollte den Zwängen dieser Gesellschaft entkommen, andere Lebensformen erkunden und Freiräume, die die Kunst ermöglicht, anders nutzen.

Das Schicksal meiner Eltern ist keineswegs eine Ausnahme

Der politische Mord an meinen Eltern, die im Iran geblieben waren, um dort weiter für ihre Ideale – Demokratie, Rechtsstaatlichkeit und die Trennung von Staat und Religion – zu kämpfen, markiert eine Zäsur in meinem Leben. Am 22. November 1998 wurden sie durch Agenten des Geheimdienstes der Islamischen Republik in ihrem Haus, meinem Elternhaus, brutal getötet. Eine Aufklärung dieses Doppelmords, aber auch von weiteren politischen Morden zu fordern, wurde zu einem meiner zentralen Anliegen. Denn das Schicksal meiner Eltern ist keineswegs eine Ausnahme. Es gehört zu den perfiden Methoden der Islamischen Republik, Gegner zu beseitigen, und zwar sowohl im Iran wie im Ausland.

Deshalb wollte ich das Haus meiner Eltern unbedingt erhalten und jedes Jahr hinreisen, um zu ihrem Todestag an das zu erinnern, was geschehen ist. Als sie umgebracht wurden, war ich 36 Jahre alt und bereits seit sieben Jahren in Deutschland. Ich hatte schon die ersten Schritte als professionelle Künstlerin geschafft; der Mittelpunkt meines Lebens war Deutschland.

Der Tod meiner Eltern holte mich in den Iran zurück. Ich musste mich der Situation stellen. Allein. Ich musste in Teheran die toten Körper meiner Eltern entgegennehmen. Und ich wollte dabei sein, als sie begraben wurden. Da es ein politischer Mord war, habe ich Klage eingereicht. Nach meinen Eltern sind, im Zuge der sogenannten »Kettenmorde«, noch weitere Intellektuelle ermordet worden, beispielsweise Mitglieder des Schriftstellerverbands und andere Aktivisten.

Es gibt Momente im Leben, da merkt man: Jetzt geht es um alles. Es geht darum, dass man als Mensch eine Haltung findet, damit man mit sich selbst weiterleben kann – trotz aller Konsequenzen. Das ist ein Prozess, der sich immer wieder verändert und nie aufhört, denn solange es keine Aufklärung dieser Verbrechen gibt, kann es keine Wahrheit und keine Gerechtigkeit geben.

Dieser Mord war für alle ein Schock

Meine Eltern waren sehr bekannte Oppositionspolitiker, nicht nur innerhalb des Iran, sondern auch unter Exil-IranerInnen. Nachdem die Morde geschehen waren, bekam ich viele Anrufe von Oppositionellen. Ich erinnere mich an deren Schluchzen und Weinen am Telefon. Es war für alle ein Schock. Die gesamte Gesellschaft war schockiert – auch weil es eine so brutale Ermordung zweier sehr bekannter Menschen war, noch dazu in deren eigenem Haus. Das war einfach unvorstellbar.

Zu ihrer Beerdigung bin ich mit meiner Familie ganz früh morgens aufgebrochen. Ich habe Tanten im Iran, auch mein Bruder ist gekommen. Die große Gemeinde der politischen Freunde und Mitstreiter meiner Eltern wollte ihnen ebenfalls das letzte Geleit geben. Als wir bei der Moschee ankamen und ich auf dieser Anhöhe stand, sah ich hinunter auf die Straße: Da standen Tausende von Menschen. Es war das erste Mal, dass es nach der brutalen Repressionswelle Anfang der 1980er-Jahre so viele Oppositionelle wagten, auf die Straße zu gehen. Dies zeigte auch die verletzte Seele der Gesellschaft, denn die Menschen wollten unbedingt auf den Tod meiner Eltern reagieren. Für mich war das sehr wichtig, weil ich nicht allein war mit dieser Trauer, mit der Angst vor so einem Regime und mit der Aufgabe, für Wahrheit und Gerechtigkeit zu kämpfen.

Manchmal frisst einen die Wut innerlich auf und bringt Rachegefühle oder wirklich toxische Momente hervor. Vor diesen muss man sich, glaube ich, unbedingt schützen. Was mir hilft, ist ein sehr schönes politisches Statement meiner Eltern. Ein Jahr, bevor sie getötet wurden, haben sie gegen die Todesstrafe argumentiert und zusammengetragen, wieso ein Menschenleben zu schützen ist. Aus dieser Schrift habe ich im Kampf mit einem System, das alles, was anders ist, vernichtet und tötet, immer wieder Kraft geschöpft, auch deshalb, weil ich weiß, wie lange meine Eltern daran gearbeitet haben und dass ihnen klar war, welcher Gefahr sie sich aussetzten. Denn die Todesstrafe ist in der

Islamischen Scharia verankert und diejenigen, die sich politisch gegen die Scharia wenden, können als Abtrünnige bestraft werden.

Wir sind da, um Gerechtigkeit zu verlangen

Es gibt in dieser Gesellschaft so viele Wunden, die jedes Mal, wenn etwas Derartiges passiert, alle Erinnerungen, alle Traumata, alle Toten ins Bewusstsein zurückholen. Wir sind da, um Gerechtigkeit zu verlangen angesichts der Ungerechtigkeit dieses Systems. Der Prozess gegen diejenigen, die meine Eltern getötet haben, ist da nur ein Beispiel von vielen. Es waren 18 Angehörige des Informationsministeriums, die vor Gericht gestellt wurden. Doch das Regime behauptete, diese Beamten hätten eigenständig gehandelt. Zwar sagten sie vor Gericht aus, dass der amtierende Minister den Mordbefehl gegeben hätte, er wurde aber nie belangt. Stattdessen wurde so getan, als ob der Mord aus privaten, nicht aus politischen Motiven heraus geschehen sei. *(Die Anwältin der Familie war Shirin Ebadi, siehe S. 86, Anm. d. Red.)*

Oft habe ich darum versucht, deutsche Politiker darüber zu informieren, dass im Iran Unrecht geschieht und man nicht schweigen kann. Dies spielte aber nur eine sekundäre Rolle. Ich habe haufenweise Briefe von deutschen Politikern, die mir antworteten, dass es ihnen sehr leidtue und sie die Frage der Menschenrechte thematisieren würden. Aber es war von vornherein klar, dass das nicht geschehen würde.

Umso wichtiger wäre mir, dass sie jetzt genauer hinschauen und die Wünsche der iranischen Gesellschaft mit Respekt unterstützen. Besonders erwarte ich das von der europäischen Zivilgesellschaft. Überall in den Städten Europas sind die Menschen mitmarschiert und auf die Straße gegangen. Dadurch wird auch die Politik gezwungen, aufmerksam auf die Schicksale der Menschen zu schauen, die im Gefängnis sitzen. Über 18.000 Menschen sind jetzt im Iran inhaftiert, und wenn man glaubt, dass diese Bewegung am Ende ist, werden diese Menschen mit ihrem Schicksal auf brutalste Weise alleingelassen.

Angst war über viele Jahre eine Waffe des Systems

Vieles bei diesen Erhebungen jetzt ist anders als bei früheren Protesten. Einen wichtigen Punkt sehe ich darin, dass die Menschen die Angst, die über so viele Jahrzehnte eine Waffe der Islamischen Republik war, während dieses Aufstands überwunden haben. Sie haben sich kompromisslos gezeigt und ganz offen. Die Islamische Republik hat der Gesellschaft im Iran ein Leben aufgezwungen, in dem man eigentlich zwei Leben führen musste: ein öffentliches und ein völlig privates, bei dem man so denken und leben konnte, wie man wollte. Diese Trennung haben sich besonders die jungen Frauen wie einen Schleier vom Kopf gerissen; sie haben einen Anspruch auf Wahrheit, und auf ein Leben, das sich in Selbstbestimmung und nicht Fremdbestimmung artikuliert. Ein weiterer Unterschied besteht darin, dass diese Gesellschaft zuvor jahrelang auf eine Reformbewegung gesetzt und darauf gehofft hat, dass die Islamische Republik Kompromisse machen würde. Aber dieser Weg ist im Sande verlaufen. Nun setzt die Gesellschaft nicht mehr auf diese Regierung, diese Staatsform und auf mögliche Reformen, sondern will die Abschaffung des kompletten Systems. Das ist ein Wendepunkt, auch in der Art und Weise, wie sich die Leute auf der Straße zeigen und dem Regime begegnen. Diese Radikalität ist neu.

Dass die Proteste jetzt eine nie gekannte Größenordnung annehmen, kommt nicht völlig unerwartet. Es gab schon im Vorfeld Aufstände im Iran. 2019 gab es eine große Welle an Protesten, die auch viele kleinere Städte erfasst hat. Es gab verschiedene Bewegungen, besonders auf Seiten der Frauen, die sich aktiv gegen dieses System stellten. Und es gab viele Punkte, an denen man gesehen hat, dass sich die Gesellschaft verändert. Die junge Generation will weder diese wirtschaftliche Misere oder das korrupte System hinnehmen noch dieses Bevormundetwerden auf allen Ebenen. Und dann kam die Ermordung der jungen Mahsa Amini aufgrund des Schleierzwangs. Zu diesem Zeitpunkt war die Verletzung der Seele der Gesellschaft bereits so groß, dass es für diese massiven Proteste kein Halten mehr gab.

Kurdistan hat immer gegen die Islamische Republik rebelliert

Ich finde es an dieser Stelle auch wichtig zu erwähnen, dass Amini aus dem iranischen Teil Kurdistans kam, weil Kurdistan immer stärker gegen die Islamische Republik rebelliert hat als andere Gegenden. Dass sich ihre Familie bei der Beerdigung so kämpferisch gezeigt hat, das hat die notwendige Schubkraft ausgelöst; andere Regionen schlossen sich an. Es gab auch in Teheran Proteste vor der Beerdigung von Mahsa Amini. Menschen sind zu dem Krankenhaus gegangen, in dem sie gestorben war, und haben dort protestiert. Es gab Journalisten und Journalistinnen, die darüber berichteten und nun im Gefängnis sitzen. Das war ein Moment, den man nicht hinnehmen konnte. Er war zu brutal.

Und es gab ja bereits eine vielfältige Vorgeschichte – dazu gehört auch der Abschuss des ukrainischen Passagierflugzeugs PS752 durch die Revolutionsgarde. *(Der Flug 752 der Ukraini-International-Airlines war ein Linienflug von Teheran nach Kiew, der am 8. Januar 2020 kurz nach dem Start durch zwei iranische Flugabwehrraketen abgeschossen wurde. Alle Menschen an Bord – neun Besatzungsmitglieder und 167 Passagiere – starben, darunter zahlreiche IranerInnen, die eine Weiterreise nach Kanada geplant hatten. Die iranische Regierung schob zunächst einen technischen Defekt als Absturzursache vor. Erst nachdem anderslautende Berichte ausländischer Geheimdienste sowie ein Video des Absturzes auftauchten, übernahm die iranische Revolutionsgarde die Verantwortung und berief sich auf einen menschlichen Fehler: Man habe das Flugzeug für einen Marschflugkörper gehalten, Anm. d. Red.)* Immer diese Lügen, um eigene politische Behauptungen aufrechtzuerhalten. Das Regime hat immer gelogen, hat Protestierende verhaftet, unter Druck gesetzt, diffamiert. Im September 2022 war die Wut einfach zu groß. Es ist eine große Entwicklung, dass die jüngere Generation begriffen hat, dass Frauenrechte Menschenrechte sind, dass eine Gesellschaft nicht frei sein kann, ohne dass die Frauen, die in ihr leben, mit Würde und gleichberechtigt behandelt werden. Hinzu kommt, dass junge Männer diese toxisch-männlichen Allüren, die Regimetreue oder auch das patriarchale System komplett ablehnen und anders sein wollen. Das ist eine sehr positive Entwicklung.

Ein Baum der Hoffnung

Ich erzähle Ihnen eine Geschichte, die auch viel über das sagt, was gerade geschieht: Meine Mutter hatte einen Magnolienbaum im Hof gepflanzt, der sehr schön war. In den letzten Jahren aber ist dieser Baum nach und nach eingegangen. Als ich das letzte Mal im Haus meiner Eltern in Teheran war, war der Baum komplett tot, aber er hatte diese Äste, die wie Arme aus ihm herausgeragten. Ich dachte, man würde daraus Kunst machen können. Denn Kunst ist auch eine Sphäre der Vieldeutigkeit, wo selbst Scheitern, Zweifel und Zerrissenheit Raum haben. Manchmal ist es viel passender, in dieser Form etwas auszudrücken, als in einer Sphäre der Politik, die ständig nach Eindeutigkeiten sucht. Man kann selbst negative Entwicklungen als einen Prozess sehen, in dem es neben Rückschlägen auch Schönheit gibt. Diese Schönheit besteht fort und so lässt sich eine Kontinuität bewahren und eine Erzählung formulieren in unterschiedlichen Bildern. Das ist für mich auf jeden Fall spannender und näher an meiner Person als andere Möglichkeiten, sich auszudrücken. Ich habe kleine Zettel in einer Schublade meiner Eltern gefunden und auf diesen Zetteln, die ja ihnen gehört hatten, haben meine Freunde und Mitstreiter, die jedes Jahr zum Gedenken an meine Eltern kommen, um mich zu unterstützen, die Parole »Frau, Leben, Freiheit« geschrieben und Hunderte Zettel einfach an diesen Baum gehängt. Das war so ein schönes Bild, weil dieser tote Baum plötzlich eine wahnsinnige Bedeutung und Präsenz erhielt. Am Nachmittag kamen viele junge Leute, die sich unter diesem Baum fotografieren wollten. Ihre Bilder wurden per Social Media geteilt. Jemand hatte dazu geschrieben: »Der Baum, den Parvaneh vor Jahren gepflanzt hatte, trägt nun die schönsten Früchte unseres Landes.« Das fand ich sehr poetisch. Es war schön, sich vorzustellen, dass diese Parole wie eine Frucht eine lange Geschichte des Widerstands in sich trägt, für die so viele gekämpft haben, die jetzt nicht mehr unter uns sind. Aber ihre Hoffnung, ihre Ideale kann man nun wieder sehen in dieser Parole oder auch in diesem Zustand der Revolte.

Schließlich hat auch »Frau, Leben, Freiheit« eine Wurzel, genau wie ein Baum, der immer weiterwächst. Zu dieser Wurzel gehört das Engagement meiner Eltern. Sie sind ein Teil der Vergangenheit, aber sie gehören auch zu den Wegbereitern der jetzigen Revolte. So viel demokratisches Engagement ist in dieser Gesellschaft unterdrückt worden. Aber diese Etappe jetzt mit ihren feministischen Tendenzen: Das ist ein großer Schritt in die Zukunft.

Es gibt Momente im Leben, da merkt man: Jetzt geht es um alles. Es geht darum, dass man als Mensch eine Haltung findet, damit man mit sich selbst weiterleben kann – trotz aller Konsequenzen.

SHOHREH BAYAT

Die Schachschiedsrichterin und Schachspielerin wurde 1987 in Rascht am kaspischen Meer geboren. Mit neun Jahren führte sie ihr Vater an das »Spiel der Könige« heran, 2006 wurde sie Damen FIDE-Meister (kurz WFM). Seit 2014 ist sie als internationale Schach-Schiedsrichterin tätig; zwischen 2017 und 2018 war sie, als Spitzenfunktionärin des iranischen Sports, erste weibliche Generalsekretärin des nationalen Schachverbands.
Bei der Schachweltmeisterschaft der Frauen im Januar 2020 in Shanghai und Wladiwostok kam es zum Eklat, weil Bayat nach Ansicht regierungstreuer iranischer Medien ihr Kopftuch zu locker trug. Der Konflikt spitzte sich dermaßen zu, dass sie es nicht mehr wagte, in ihre Heimat zurückzukehren. Seitdem lebt sie in Großbritannien.

Schach ist ein zentrales Element meines Lebens: Als ich noch im Iran war, war ich die erste weibliche Schiedsrichterin der Kategorie A in ganz Asien. Mit meiner Flucht musste ich den Schachverband wechseln, wurde 2022 aber als beste europäische Schiedsrichterin unter den Frauen ausgezeichnet. Ich habe auch einen Master-Abschluss in Ingenieurwesen, Forstwirtschaft und dem Management natürlicher Ressourcen, denn in meiner Heimat haben wir wunderbare Wälder, und ich mag die Natur und die Umwelt sehr. Jetzt hat sich mein Leben völlig verändert. Seit den Ereignissen im Januar 2020, als das Regime begann, mich zu schikanieren, engagiere ich mich für die Rechte der Frauen und Menschenrechte.

Der Hijab – ein Gefängnis aus Stoff

Als Frau aus dem Iran hatte ich keine andere Wahl, als den Hijab zu tragen. Deshalb habe ich mich nur ungern im Spiegel angeschaut. Wenn ich für Schachturniere in andere Länder reiste, bewunderte ich die jungen Frauen für ihre modische Kleidung und ihre schönen Frisuren. Also verbrachte ich mehr und mehr Zeit vor dem Spiegel, um auszuprobieren, wie ich – innerhalb der Möglichkeiten, die dieses Gefängnis aus Stoff zuließ – einigermaßen normal aussehen könnte. Jedes Mal, wenn ich ins Ausland reiste, zeigte ich nun etwas mehr Haar, aber ich achtete strikt darauf, dass ein Teil davon bedeckt blieb. Mit der Zeit wurde ich im Lockern meines Hijab immer mutiger. Für das Turnier in Shanghai und Wladiwostok hatte ich bunte Tücher eingepackt – das war der größte Affront, den ich innerhalb der Grenzen der iranischen Gesetze wagen konnte.

Als die erste Runde dieser Weltmeisterschaft vorüber war, bekam ich eine Nachricht des Iranischen Schach-Verbands: Ich solle für die Social-Media-Veröffentlichungen innerhalb des Iran ein »gutes« Foto vom Turnier schicken – die Bilder, die auf den internationalen Websites gezeigt wurden, seien zu freizügig. Dabei war der lockere Schal, den ich trug, auch für iranische Standards ganz akzeptabel. Doch von Personen, die in der Öffentlichkeit stehen, erwartet man mehr.

Ich war wütend, genau wie Millionen anderer iranischer Frauen, die den Hijab hassen. Deshalb beschloss ich, am nächsten Tag ein noch lockereres Tuch zu tragen, da ich vermutete, die Offiziellen im Iran würden dann befinden, das Foto aus der ersten Runde sei doch »gut« genug für eine Veröffentlichung. Ich überlegte, dass ich, auch wenn ich das Tuch noch weiter zurückschöbe, immer noch genug Haar bedeckt hätte, um ins Land zurückkehren zu können. Damit wollte ich dem Regime auch die Botschaft senden, dass sie mich in Ruhe lassen und aufhören sollen, mich zu belästigen. Am Anfang hat das ganz gut funktioniert – ich hatte mir den Schal sogar ans Haar geklebt, damit er nicht herunterfällt.

Also dachte ich, das sei Ordnung. Doch als ich nach der dritten Runde ins Hotel zurückkehrte und auf mein Handy schaute, sah ich, dass es dort vor Nachrichten wimmelte, die mich davor warnten, in den Iran zurückzukommen, weil ich dann verhaftet würde. Ich begriff das nicht. Aber dann sah ich die Screenshots, die mir die Leute schickten: Meine Fotos waren von den regierungsnahen Nachrichtenagenturen so veröffentlicht worden, dass es aussah, als trüge ich überhaupt kein Kopftuch. Der Präsident des Schachverbands sagte in einem Interview öffentlich, dass ich den Iran nicht mehr repräsentiere. Privat schickte er mir Nachrichten, in denen er mir nahelegte, dass ich mich entschuldigen, nur noch Schwarz tragen und ab sofort mein Haar vollständig bedecken sollte. Außerdem sollte ich mich in einem Entschuldigungs-Post auf Instagram explizit für den Hijab aussprechen.

Die Entscheidung war leicht, ihr Ergebnis allerdings schwierig

Es war einfach schrecklich. Wie hätte ich einen Post verfassen können, der sich für etwas stark macht, woran ich überhaupt nicht glaube und worunter ich mein ganzes Leben lang gelitten habe? Das war der Punkt, an dem ich mich entscheiden musste – nicht nur für oder gegen den Hijab. Die Wahl selbst fiel mir leicht, deren Ergebnis allerdings war schwierig. Obwohl ich ahnte, was auf mich zukommt, habe ich den Schal am nächsten Tag zu Hause gelassen und bin ohne Kopfbedeckung zum Turnier gegangen. Daraufhin berichteten die iranischen Medien ohne jegliche Grundlage, ich hätte im Ausland Asyl beantragt. Damit war klar, dass ich, obwohl ich nach dem Turnier gerne nach Hause zurückgekehrt wäre, nicht mehr heimkehren konnte. Es wäre zu gefährlich gewesen.

Wir verdienen es, wir selbst zu sein

Der Tod von Jina Mahsa Amini hat mich an meine eigene Geschichte erinnert, und an das Schicksal unzähliger iranischer Frauen, die unter der Hijab-Pflicht leiden. In der Form, wie die Kopfbedeckung dort vorgeschrieben wird, ist sie ein Zeichen von Frauenfeindlichkeit. Ich bin nicht gegen den Hijab als solchen, aber gegen den Zwang, ihn zu tragen, weil er aus Frauen Bürger zweiter Klasse macht, die sich nie so ausdrücken können, wie sie wirklich sind. Man hat das Gefühl, ein falsches Leben zu führen, weil man stets ein Bild von sich zeigt, das nicht den eigenen Überzeugungen entspricht, sondern die Vorgaben des Regimes repräsentiert. Das hat auch eine starke psychologische Wirkung, weswegen der Hijab wie kaum ein anderes Zeichen für die jahrelange Unterdrückung der Frauen durch das Regime steht. Das ist auch der Grund, warum Mahsas Tod eine solche Wirkung hatte. Alle iranischen Frauen, mich eingeschlossen, begannen zu sagen: Wir sind Mahsa, jede einzelne von uns, weil wir Tag für Tag, Jahr für Jahr das Gleiche erleben. Deshalb können wir nicht schweigen. Das ist eine Frage der Menschenrechte, und wir sind ja auch Menschen. Wir verdienen es, ein normales Leben zu führen; wir verdienen es, wir selbst zu sein.

Das war der Moment, in dem wir unser Vertrauen in das Regime völlig verloren

Für mich ist das, was jetzt geschieht, Ergebnis einer schon langanhaltenden Bewegung, der sich immer mehr Menschen angeschlossen haben. Viele von uns taten dies ab 2009, während der sogenannten

Grünen Revolution. Vorher hatten wir auf eine Reform hingearbeitet, weil klar war, dass eine Revolution Opfer und Blutvergießen mit sich bringen würde. Durch die Reform wollten wir in einem legalen, ordnungsgemäßen Prozess unsere Rechte einfordern. Dann aber betrog das Regime bei den Präsidentschaftswahlen im Juni 2009. Neda Agha-Soltan wurde getötet. *(Die Studentin wurde, ebenso wie mindestens neun weitere Demonstrant:innen, die an Protesten infolge der Präsidentschaftswahl teilnahmen, von Sicherheitskräften mitten in einer Menschenmenge niedergeschossen. Handyvideos ihres Sterbens wurden ins Ausland geschmuggelt und von dort über Social-Media-Kanäle verbreitet, Anm. d. Red.)* Das war der Moment, in dem wir unser Vertrauen in das Regime völlig verloren. Seitdem haben mehr und mehr Menschen begonnen, gegen das Regime zu kämpfen.

Was jetzt passiert, ist im Grunde eine Fortsetzung dessen, was 2009 und vor allem 2019 passiert ist *(als es nach der Ankündigung einer drastischen Benzinpreiserhöhung am 15. November landesweit zu Protesten kam, Anm. d. Red.)* Weil sich die Menschen überall gegen das Regime auflehnten, wurde das Internet abgeschaltet, um jegliche Berichterstattung zu verhindern; dann begannen sie, viele Menschen zu töten. Wir nennen das den »blutigen November«. So hat es das Regime vorübergehend geschafft, die Leute ruhig zu stellen. Aber jetzt geschieht das gleiche wieder, und es wird nicht aufhören, bis wir dieses Regime loswerden. Eine Möglichkeit, zu verhandeln, gibt es nicht. Wie können wir mit denen verhandeln, die unsere Leute, unsere Brüder und Schwestern getötet haben?

Selbst die Mode wurde ein politisches Zeichen

Wenn man unterdrückt wird und in einer Diktatur lebt, versucht man, Wege zu finden, sich trotzdem auszudrücken. Deshalb haben sich die Dinge im Iran im Lauf der Jahre verändert. Wenn man sich den Beginn der Revolution anschaut, hatten wir alle unser Haar bedeckt, und wir trugen lange Kleider. Doch dann begannen die Iranerinnen, ihr Haar von vorne zu zeigen. Dann fingen sie an, es von hinten zu zeigen. Auch unsere Kleidung hat sich verändert. Statt langer Kleider tragen wir jetzt nur noch kurze Mäntel. Sogar die Knöpfe an den Kleidern haben wir abgeschafft, wie Sie sehen. Diese neue Mode, die ins Land gekommen ist, ist eine politische Mode, weil wir auch damit gegen dieses Regime kämpfen, selbst wenn es um unser Leben geht. Wir wollen nicht getötet werden, aber wir wollen protestieren. Wir nutzen diese Möglichkeiten. Wir haben alles, was wir friedlich gegen dieses Regime einsetzen konnten, genutzt. Aber das Regime hat brutal zurückgeschlagen.

Ein gutes Beispiel dafür, wie die Regierung vorgeht, ist das Schicksal der Kletterin Elnaz Rekabi *(sie hatte im Oktober 2022 beim Finale der Asien-Meisterschaften in Seoul das auch für Sportlerinnen obligatorische Kopftuch abgenommen – eine Geste, die als Zeichen ihrer Solidarität mit den Frauenprotesten gewertet wurde, Anm. d. Red.)*. Sie hat versucht, die Stimme der iranischen Frauen zu sein, und das ist sehr wertvoll für uns. Wir wissen, dass sie danach stark unter Druck gesetzt wurde. So lange sie nicht die Möglichkeit hat, sich in einer freien Welt zu äußern, werden wir nicht erfahren, was genau mit ihr geschehen ist. Nach dem, was wir durch die Medien mitbekommen, steht sie unter Hausarrest. Die Regierung hat das Haus ihrer Familie gepfändet und zerstört. Seither hat sie das Land nicht mehr verlassen. Wir wissen also nicht, was wirklich mit ihr passiert ist.

Sie setzen scharfe Waffen gegen Menschen ein, die friedlich protestieren

Die Brutalität dieses Regimes ist unendlich, denn sie setzen alles ein: Sie töten Kinder. Sie vergewaltigen Frauen. Sie haben sogar zwei alte Menschen angegriffen. Sie schlagen IranerInnen, nur weil diese ihre Grundrechte einfordern. In einigen iranischen Städten haben sie die Gasversorgung eingestellt. Sie setzen scharfe Munition gegen Menschen ein, die keinerlei Waffen tragen und friedlich protestieren. Ich glaube, die Ajatollahs wissen, dass sie vor Gericht gestellt werden und sich für ihre Taten verantworten müssen, sobald sie die Macht verlieren. Also sind sie bereit, jeden einzelnen Iraner und jede einzelne Iranerin zu töten, um sich selbst zu retten.

Doch die jetzige Revolution ist stark und intensiv. Sie führt Menschen aller Glaubensrichtungen und aller politischen Ansichten zusammen. Alle sind sich darüber einig, dass ihr eigenes Leben nicht wichtig ist, sondern dass die Veränderung, die sie herbeiführen wollen, im Vordergrund stehen muss.

Die Bedrohung beschränkt sich nicht auf den Iran. Selbst hier in England gibt es immer wieder scheinbar friedliche, in Wahrheit aber verdächtige Leute, die versuchen, mit mir in Kontakt zu treten. Zum Glück kann ich logisch genug denken, um ihnen nicht zu vertrauen. Und ich weiß, wie ich mich schützen kann. Ich will meine Stimme erheben, auch wenn ich dabei mein Leben verliere. Das ist das Mindeste, was ich tun kann, um die Frauen im Iran zu unterstützen.

Freiheit bedeutet, in sich selbst zu spüren, dass man keine Angst hat

Freiheit muss zuerst in einem selbst stattfinden. Man muss an sie glauben und so handeln, dass man frei ist. Ich weiß, dass viele Menschen inzwischen außerhalb des Iran leben, aber dennoch nicht frei sind, weil sie immer noch Angst vor dem Regime haben und diesem erlauben, über ihre Familien und auf anderen Wegen Druck auszuüben und Macht über sie zu bekommen. Ich denke, Freiheit bedeutet, in sich selbst zu spüren, dass man keine Angst hat.

Seit ich ein Teenager war, bin ich zu Turnieren im Ausland gefahren und habe so die Freiheit in anderen Ländern gesehen. Ich selbst musste sogar da draußen, in einem freien Land, mein Haar bedecken. Das ist sehr schmerzhaft, denn man fängt an, sich zu fragen, warum man selbst diesen Zwängen unterworfen ist, wenn alle anderen Menschen auf der Welt anziehen können, was sie wollen. Heutzutage haben fast alle Iraner und Iranerinnen Satellitenschüsseln an ihren Häusern. So können sie auch Bilder aus dem Ausland sehen, und nehmen dabei wahr, dass sie zu den wenigen Menschen auf der Welt gehören, die unterdrückt werden und diese dummen Regeln befolgen müssen.

Menschenrechte sind ein Teil der uralten persischen Kultur

Dabei sind Gleichberechtigung und Menschenrechte eigentlich tief in unserer Kultur verankert. 539 v.Chr. eroberte der altpersische König Kyros der Große Babylon und verfasste die erste Menschenrechtscharta der Welt. Darauf sind wir IranerInnen sehr stolz. Ich glaube, dass iranische Männer auch deshalb die Frauen so aufgeschlossen in ihrem Protest unterstützen. Sie sind nicht glücklich darüber, dass ihre Mütter und Schwestern vom Regime schikaniert und gezwungen werden, Dinge zu tun, an die sie nicht glauben.

Wann genau dieses Regime zu Fall kommt, kann natürlich niemand vorhersagen. Aber schon jetzt sind es Millionen von Menschen, die sich von ihm abgewandt haben und es nicht mehr anerkennen. Der einzige Grund, warum es noch an der Macht ist, ist der Einsatz blanker Gewalt. Doch eine solche Diktatur kann nicht bestehen. Wir haben im Iran ein Sprichwort: »Eine zusammenbrechende Mauer kann nicht lange standhalten.« Und dieses iranische Regime ist wie eine Mauer, die massiv beschädigt ist. Es wird mit Sicherheit fallen. Und das wird auch Auswirkungen auf einige Nachbarländer haben, auf Afghanistan zum Beispiel, auf Saudi-Arabien oder auf jedes andere Land, in dem Frauen wie Bürger zweiter Klasse behandelt werden. Gelingt es den Menschen im Iran, ihre Freiheit durchzusetzen, werden sich auch andere Menschen, andere Frauen in der Welt davon inspirieren lassen und für ihre eigenen Rechte kämpfen.

SHILA BEHJAT

Die Journalistin mit iranischen Wurzeln wurde 1982 in Karlsruhe geboren. Nach einem Jura-Studium in Hamburg und Paris arbeitete sie als Großbritannien-Korrespondentin für den Axel-Springer-Verlag; für das Frauenportal goFeminin berichtete sie 2010 von der UN-Frauenrechtskommision. Als Autorin veröffentlicht sie regelmäßig Texte über Feminismus, Frauenrechte und Gleichstellung, so auch über die frühe persische Frauenrechtlerin Táhirih im Kursbuch »Frauen II«.

Ich bin Journalistin, Publizistin, arbeite als Kulturredakteurin mit einem Fokus auf Literatur und Gesellschaftsthemen beim deutsch-französischen Kultursender ARTE. Und ich bin Bahá'i, seit ich 15 Jahre alt bin. Man kann nicht als Bahá'i geboren werden, sondern muss sich dazu aktiv erklären. Mein Vater kommt aus Shiraz im Iran und meine Mutter ist aus dem Allgäu. Die beiden haben sich in Deutschland am Flughafen in Frankfurt kennengelernt und wollten sich dann Ende der 1970er-Jahre ihr gemeinsames Leben im Iran aufbauen. Hier hatten sie ihre genauen Träume, Wünsche und Vorstellungen davon, wie ihr Familienleben sein sollte. Doch im März 1979 kehrte meine Mutter hochschwanger mit meiner großen Schwester nach Deutschland zurück; mein Vater konnte erst nach der Geburt nachkommen.

Dass dieser Lebenstraum einfach so zerstört wurde, dass meine Eltern mit nichts als ein paar Teppichen nach Deutschland kamen, bedeutete, dass mein Vater sich später eher wenig mit Iran als unsere Heimat beschäftigte, ich denke auch aus Schmerz. Seine Sichtweise war eher kritisch, distanziert. Bei uns hat die engste Familie den Iran früh nach der Revolution verlassen. Die Schwester meiner Großmutter war die letzte, die gehen musste. Sie hatte noch in Teheran gelebt. Ihr Haus wurde einfach konfisziert und sie war ja schon eine alte Frau Ende achtzig. Wir haben sie sehr schnell aus dem Iran gebracht, weil wir fürchten mussten, sie könne sonst verhaftet werden. Eine alte Dame!

Wir unterstützen den innigen Wunsch nach Freiheit

Diese feministische Revolution aktuell ist für mich etwas Großes, Großartiges. Einerseits weil ich Iranerin bin. Aber auch, weil mich der Feminismus schon so lang beschäftigt, ich so viel darüber publiziert habe – und dies doch etwas ganz, ganz Neues ist. Es lässt sich nicht allein mit den westlichen Maßstäben und Konzepten von Feminismus begreifen. Darüber hinaus bewegt mich diese Revolution aber auch als Angehörige der Bahá'i. Selbstverständlich legen wir ein genaues

Augenmerk auf ein mögliches Ende der Proteste. Denn was wird das ganz speziell für die Bahà'i bedeuten? Wir unterstützen den innigen Wunsch nach Freiheit und Menschenrechte so sehr, weil das ja genau das ist, was auch den Bahà'i so unglaublich lange Zeit verwehrt wurde.

Seit ungefähr 170 Jahren gibt es diese Religion. Sie wurde in Persien begründet, dort aber von Anfang an verfolgt, auch für ihre progressive Haltung zu Fragen des Glaubens. Es gibt bei den Bahá'i keinen Klerus, Frauen und Männer sind gleichberechtigt. Etwa 20.000 Bahá'i sind im Iran aufgrund ihres Glaubens hingerichtet worden. Deswegen ist die Geschichte unserer Religion auch immer eine blutige gewesen. Ab 1979 hat sich das deutlich verschlimmert.

Seither geht es um die strukturelle Verfolgung und das wirtschaftliche Ausbluten dieser Gemeinschaft. Hierzu gibt es auch Stellungnahmen der höchsten religiösen islamischen Führer selbst. Ban Ki-moon, von 2007 bis 2016 Generalsekretär der Vereinten Nationen, hat bereits vor Jahren bestätigt, dass die Bahá'i die am meisten diskriminierte Minderheit im Iran sind. Das beginnt damit, dass sie, ohne ihre Religion zu verleugnen, im Iran keinen Personalausweis bekommen. Sie können sehr viele Berufe nicht ausüben, nicht studieren, ihre Kinder werden in den Schulen drangsaliert. Es wird darauf geachtet, dass Bahá'i-Kinder in besonders religiös-islamische Schulen kommen, um sie dort umzuerziehen. Das bedeutet natürlich auch, all der Willkür, die wir gerade sehen, ausgesetzt zu sein. Man kann beliebig verhaftet, dann wieder auf Kaution freigelassen und erneut verhaftet werden; außerdem werden die Bahà'i ständig von den zu den Revolutionsgarden gehörenden Basij-Milizen drangsaliert. Wenn dich jemand übers Ohr haut, ist niemand da, der dich schützt oder für Gerechtigkeit sorgt. Über 200 Bahá'i wurden allein in den letzten Jahren offiziell hingerichtet und/oder verschleppt. Gleichzeitig gibt es, wie auch bei anderen Bevölkerungsgruppen, eine große Resilienz. Die Widerstandsfähigkeit der Bahá'i zeigt sich etwa darin, dass sie, nachdem ihnen verboten wurde zu studieren, im

Untergrund ihr eigenes Universitätssystem aufgebaut haben. Früher mussten dafür noch sämtliche Unterrichtsmaterialien über den Postweg geschickt werden; inzwischen funktioniert alles digital. Junge Studierende können sogar ausländische Abschlüsse machen. Man muss Wege finden, um die Unterdrückung zu umgehen.

Freifahrtschein für Diskriminierung

Wenn die Regierung im Iran durch ihren obersten geistlichen Führer verkündet, diese Religion und ihre Gemeinschaft müssten ausgelöscht werden, ist das ein Freifahrtschein für Diskriminierung. Denn dann gibt es niemanden mehr, der dich beschützt. Das ist das grundlegende Lebensgefühl der Bahá'i. Gleichzeitig fühlen sie sich natürlich als Iranerinnen und Iraner, das ist ihre Heimat, die ihnen wichtig ist! Oft spreche ich mit Glaubensbrüdern und -schwestern und sie sagen mir trotz der schweren Verfolgungen: »Unser Platz ist hier, im Iran!« Daneben steht auch die Frage im Raum, wie viel über die Situation dieser Religionsgemeinschaft überhaupt allgemein bekannt ist. Wie weit dringt durch, dass vieles von dem, was kursiert, gelogen ist und auf gezielter Propaganda beruht? Zum Beispiel der ständige Vorwurf, die Bahá'i seien Spione Israels: Diese Falschinformation geht darauf zurück, dass sich das religiöse Zentrum der Bahá'i in Haifa, Israel, befindet – was daran liegt, dass der Religionsgründer von dem damaligen Shah von Persien des Landes verwiesen wurde und in Palästina strandete. Er war sein ganzes Leben lang ein Verfolgter, der nicht bestimmen konnte, wo er sterben würde. Deshalb befinden sich sein Grab und auch unsere heiligen Stätten im heutigen Israel.

Selbst in Deutschland und innerhalb der hiesigen iranischen Community müssen wir erst einmal erklären, wer wir sind, was wir machen und wie es um unser Verhältnis zu Israel steht. Auch die Iranerinnen und Iraner hier in der Diaspora haben oft unglaublich falsche, eingefärbte Vorstellungen von uns.

Das Wissen, dass Frauen gesellschaftliche Veränderungen vorantreiben können, ist tief in uns verankert

Was nun bedeutet diese feministische Revolution für mich? Ich bin diesen jungen Menschen einfach nur dankbar. ALL EYES ON IRAN. Vorher war es so ermüdend – wie oft habe ich gehört, was der Iran doch für ein schönes Reiseland sei, die Menschen so freundlich, das Essen so gut .... Jetzt endlich wird allen klar, was dort wirklich geschieht. Hinzu kommt dieser feministische Protest, den die Frauen anführen. Dieser Geist, das Wissen, dass Frauen gesellschaftliche Veränderungen vorantreiben können, ist auch in der DNA der Bahá'i tief verankert. In unserer Religionsgeschichte gibt es etwa auch eine Apostelin, Táhirih (1814/17–1852), die zunächst Islamgelehrte und Poetin war; in einer öffentlichen Versammlung nahm sie ihre Kopfbedeckung ab und trat für einen neuen Glauben ein.

Auch, dass nun Iranerinnen und Iraner zusammenstehen und bemerken, wie viele blinde Flecken es in der iranischen Gesellschaft gibt, die angesprochen und in etwas Besseres umgewandelt werden können, ist etwas ganz Besonderes. Im Rahmen dieses Prozesses wird deutlich, was die Bahá'i auf internationaler Ebene und in den NGOs beigetragen haben. Wenn wir Missstände anprangern, sprechen wir ja nicht nur über uns, sondern auch über Frauen- und Menschenrechte allgemein.

Ich musste wirklich 40 Jahre alt werden, um zum ersten Mal zu verstehen: Meinen Lebenskampf kann ich allein niemals gewinnen. Es muss sich gesellschaftlich viel verändern. Gott sei Dank gibt es diese Zeit, die uns hilft, das Zusammenwirken verschiedener Diskriminierungsformen zu erkennen; damit wird auch klar, dass Menschen wie wir ständig einer doppelten Benachteiligung ausgesetzt sind.

Die Revolution braucht unsere Aufmerksamkeit, damit der Druck weiter da ist

Mir tut es sehr weh, dass es gerade ein bisschen ruhig geworden ist. Und das, was jetzt auf europäischer Ebene an Maßnahmen zur Unterstützung der Menschen im Iran beschlossen wurde, ist natürlich ebenfalls ein Schlag. Denn es ist viel zu wenig und viel zu unentschieden. Wichtig ist, dass die Aufmerksamkeit nicht nachlässt, denn die Revolution braucht unsere Aufmerksamkeit, damit der Druck weiter wächst. Man kann dieses Rad nicht mehr zurückdrehen, und was in Gang gesetzt wurde, ist wirklich, wirklich großartig.

Zurzeit ist es kaum möglich, zur Ruhe zu kommen. In einer Mischung aus Angst und Bewunderung schaue ich auf das, was passiert. Es gab selbst jetzt, im Rahmen dieser Proteste, Stellungnahmen der iranischen Regierung, dass es die Bahá'i seien, die zu diesen Protesten aufrufen würden. Natürlich unterstütze ich diese Revolution, aber das ist von außen, von Deutschland aus, auch sehr einfach. Anders ist es für Bahá'i im Iran. Es gibt aber auch Iranerinnen und Iraner, die die Proteste nicht unterstützen. Wenn ihnen dann auch noch gesagt wird, dass die Bahá'i für die Unruhen verantwortlich sind, geht der Hass gegen sie weiter. Wir aber glauben an einen Iran für alle, an eine Zukunft im Iran, die uns alle in Staunen versetzen wird.

Und deswegen ist es für mich so bedeutsam, dass meine Söhne das mitbekommen

Was stärkt mich? Immer, wenn ich sehe, wie meine Söhne – zwei junge Männer – das Geschehen im Iran verfolgen, ist das für mich eine Bestätigung, weiterzumachen. In einem Land, von dem sie bisher nur die schrecklichsten Nachrichten gehört haben, gibt es nun eine von Frauen angeführte Revolution. Und dann ist da noch Táhirih, über die ich schon publiziert habe. Ihre Gedichte und das, was sie einst geschrieben hat, sind noch immer gültig. Sie sagt, eine Person, die von Freiheit und von Gleichheit überzeugt sei, werde diese Haltung nie aufgeben, selbst wenn man sie mit dem Tod bedrohe. Táhirihs letzter Satz war: »Ihr könnt mich töten, aber ihr könnt den Fortschritt der Frauen nicht aufhalten.« Das ist eine unglaubliche Inspiration – und der Geist, den ich auch in diesen Tagen wieder spüre.

Das ist ebenfalls Thema des Buches, an dem ich gerade schreibe: Wie muss sich der Feminismus verändern, um zukunftsfähig zu bleiben. Denn wenn es wirklich um Gleichheit und Gerechtigkeit geht, der Urmotivation des Feminismus schlechthin, dann darf dieser nicht seinerseits diskriminieren und einzelne von diesem Kampf ausschließen. Deswegen ist es für mich so bedeutsam, dass meine Söhne das Geschehen heute mitbekommen, dass sie vor diesem Slogan »Frau, Leben, Freiheit« stehen und ich ihnen dann sagen kann: »Hey, das ist auch *eure* Zeit.«

Wir unterstützen den innigen Wunsch nach Freiheit und Menschenrechte so sehr, weil das ja genau das ist, was auch den Bahà'i so unglaublich lange Zeit verwehrt wurde.

… Wir glauben an einen Iran für alle, an eine Zukunft im Iran, die uns alle in Staunen versetzen wird.

ANI

Ich nenne mich Ani, bin 37 Jahre alt und komme aus Saqqez im iranischen Teil Kurdistans. Ich hatte in einem Master-Studiengang Jura studiert und absolvierte eine IT-Weiterbildung. Gleichzeitig mache ich schon lange Musik; seit 25 Jahren schreibe ich auch. Leider bekommen Frauen für beides im Iran kaum Unterstützung.

Vor den Protesten hatte ich ein normales Alltagsleben, ich habe gearbeitet, gelesen, Musik gemacht, mich zu Hause um den Haushalt gekümmert …. Aber mit dem Beginn der Revolution hat sich viel verändert. Die ganze Gesellschaft hat sich politisiert, man konnte gar nicht anders, als alle Vorgänge zu verfolgen, mitzumachen und auch eigene Aktionen vorzubereiten, zum Beispiel künstlerische Interventionen. Eigentlich würde ich gerne die Ruhe in meinem Leben von vor der Revolution zurückhaben, aber das ist nicht einfach. Man will ja eine starke Frau sein, die politische Lage beeinflussen und Verantwortung übernehmen.

Ich will mich nicht beugen. Ich habe keine Angst mehr

Als Jina Amini gestorben ist, war ich sehr krank. Ich hatte einen Tumor, es bestand der Verdacht auf Brustkrebs, ich musste operiert werden. Trotzdem wollte ich zu Jinas Grab gehen, meine Trauer zeigen, meinen Teil beitragen. Der Friedhof wurde stark von Sicherheitskräften kontrolliert. Ich hatte ein gutes Gewissen und ein gutes Gefühl, obwohl es sehr gefährlich war – ich hätte festgenommen oder mit einem Schlagstock geprügelt werden können. Nach meiner Operation war mein Körper sehr schwach, und ich war sehr traurig, auch weil zur gleichen Zeit wie Jina meine Mutter gestorben war. Aber wenn ich jetzt an diese Situation zurückdenke, würde ich es wieder machen. Ich würde es immer wieder machen. Ich will mich nicht beugen. Ich habe keine Angst mehr.

Schlimme Erfahrungen mit dem Regime hatte ich bereits zehn Jahre zuvor gemacht: Ich war in Teheran für meine Masterarbeit. Dort wurde ich von der Sittenpolizei festgenommen und geschlagen. Mein Studentenausweis wurde mir abgenommen, und ich wurde während der Stunden, in denen mich die Sittenpolizei festhielt, schlimm beschimpft. Als die Nachrichten kamen, dass Jina festgenommen wurde, zunächst im Krankenhaus lag und dann starb, hat mich das an meine eigene Situation damals erinnert; ihr Tod hat vieles in mir ausgelöst. Dieser Tod betrifft uns alle; es kann jede:n von uns treffen. Auch mein

Schicksal hätte so aussehen können. Das war ein unbeschreiblich großer Schock.

»Jin, Jiyan, Azadî« – diese politische Ausrichtung ist von Kurden geprägt

Die historischen Ereignisse der letzten Monate haben zwei Gesichter. Einmal hat uns der Totalitarismus, die Tyrannei zu einer geschlossenen Gesellschaft zusammengeschmiedet. Zum anderen war Jina, und auch ein großer Teil der Menschen, die nach ihrem Tod zu protestieren begannen, kurdisch. Die kurdische Gesellschaft hat in den Jahren der Islamischen Republik eine besonders vielschichtige Unterdrückung erlebt. Deshalb hat die kurdische Freiheitsbewegung, anders als in anderen Teilen des Iran, wo ja ebenfalls Frauen vergewaltigt, geschlagen und getötet wurden, den Tod Jina Aminis nicht akzeptiert und mit der Parole »Jin, Jiyan, Azadî« protestiert. An Jinas Grab haben Frauen ihre Kopftücher geschwenkt und Freiheitsparolen rezitiert. Auch darin lag der Ursprung der revolutionären Bewegung, die wir heute sehen. Weil die kurdische Bevölkerung im Iran so viel Leid durchlitt, hat sie klar gemacht: Wir schweigen dieses Mal nicht. Andere große Städte zogen nach, aber Kurdistan war entscheidend, die Kurden waren entscheidend. »Jin, Jiyan, Azadî« ist eine eigene politische Tradition, mit eigenem Diskurs und eigener Identität, die ganz klar von Kurden geprägt ist.

Alle Kurden haben zwei Namen, um Beschimpfungen zu entgehen

Alle Bevölkerungsteile, alle Volksstämme im Iran werden systematisch unterdrückt, selbst die Privatsphäre wird kontrolliert. Es gibt keine Freiheit, es gibt keine Demokratie. Wenn man als Minderheit in dieser Gesellschaft lebt, hat man zudem noch eine andere Muttersprache, eine andere religiöse Ausrichtung, eine andere Lebensweise. So wird man doppelt unterdrückt – einmal als Kurdin, einmal als Frau. Neben den ständigen Kontrollen durch Sittenpolizei und Behörden gibt es seitens der persischen Bevölkerung auch rassistische Ressentiments. Man spürt diesen Rassismus. Ich habe eigentlich einen kurdischen Namen, habe dann aber als Studentin einen anderen gewählt, weil ich selbst von normalen Leuten beschimpft wurde. Die Kurden haben alle zwei Namen. So prägt der Rassismus auch unser Alltagsleben. Deswegen ist es so wichtig, dass Jina Jina heißt und nicht Masha. Man muss auch diesen Teil der Geschichte erzählen. Als kurdische Frau muss man gegenüber so vielen Unterdrückungen stark sein, sonst verliert man.

Man spürt eine neue Art von Dialog

Ich bin allgemein kritisch gegenüber politischen Lagern, vor allem gegenüber patriarchalischen Strömungen in Kurdistan, aber auch gegenüber politischen Parteien. Meine kritische Sichtweise geht auf meine Wurzeln und meine Erziehung zurück: Ich bin in einer Familie aufgewachsen, in der vor allem mein Vater linksorientiert und freiheitsliebend war – in jederlei Hinsicht, ob dies nun die Religion betraf oder das Tragen des Kopftuchs. Mein Vater hat mich politisch sehr beeinflusst. Allerdings musste er für seine Ansichten ins Gefängnis. Auch meine vier Brüder haben mir viel Anerkennung gegeben und mich und meine Schwestern unterstützt. Das hat mich stark gemacht. Als ich klein war, hat mir mein Vater erlaubt, alles zu tun, was Jungs auch machen. Ich erlebte und spürte dabei eine starke innere Dynamik, die ebenfalls Teil unserer kurdischen Kultur, unserer Tradition und unseres Verhaltens ist.

Als die Revolution kam, konnte man spüren – wie das wahrscheinlich bei jeder Revolution der Fall ist –, dass ein kollektiver Geist entsteht. Man spürt die Gemeinsamkeit, die Solidarität. Als ich beispielsweise das Video veröffentlicht habe, in dem ich an Jinas Grab bin, wurde es millionenfach geteilt, auch in den persischen Medien. Nachdem ich es gepostet hatte, waren die Reaktionen unglaublich: Ich habe überall Unterstützung erfahren – beim Arzt, in der Apotheke, in der Bücherei, beim Einkaufen. Viele Menschen haben mich umarmt, und auch Leute, die ich gar nicht kannte, sagten mir: Du bist unsere Inspiration, du bist eine sehr mutige Frau ... Da war so ein kollektiver Geist, der die Menschen verbindet. Dieser Geist ist eine Facette der Lage im Iran, in dem es so viele verschiedene Volksgruppen und Minderheiten gibt. Man spürt eine neue Art von Dialog, ohne dass die einzelnen Stimmen ihre Identität verlören. Diese Revolution hat einen ganz eigenen Diskurs, trotz der vielen Unterschiede in den politischen Ansichten oder der Religion. Man spürt eine Welle der Gemeinsamkeit, die selbst das Alltagsleben prägt. Allein das fühlt sich schon an wie ein historischer Moment.

Eine Revolution ist ein langer Prozess

Manche Leute sagen, auch dies sei nur eine Welle von Aufständen, die wieder abebben wird. Ich selbst bin vollkommen davon überzeugt, dass es eine Revolution ist. Und eine Revolution ist ein Prozess, ein langer Prozess. Man muss sehr geduldig sein. Sie vertieft sich im Alltagsleben und hat schon vieles verändert. Zum ersten Mal erleben wir, dass unsere Proteste weltweit wahrgenommen werden. Das war bei anderen Aufständen nie der Fall; es gab nie solche internationalen Diskussionen wie um »Jin, Jiyan, Azadî«. Nie wurden dermaßen viele positive Impulse gesetzt.

Doch wir bräuchten noch mehr Unterstützung, beispielsweise seitens der europäischen Staaten, da deren Außenpolitik bislang eher wirtschaftliche und sicherheitspolitische Interessen verfolgt hat. Das aber begünstigt das bestehende System. Man müsste stattdessen die Wahrung der Menschenrechte ins Zentrum dieser Außenpolitik stellen und, beispielsweise über den Wechselkurs und weitere Sanktionen, maximalen ökonomischen Druck aufbauen. Das wäre enorm wichtig, denn im Iran sind weite Teile der Wirtschaft unter Kontrolle der Revolutionsgarden, die zugleich auch für den Großteil des staatlichen Terrors verantwortlich sind. Wenn das EU-Parlament beschließen würde, sie auf die Liste terroristischer Vereinigungen zu setzen, wäre das ein großer Erfolg für die Revolution und für die Menschen, die ihre Stimme erhoben haben. Denn dies würde das Regime enorm unter Druck setzen.

Entweder gewinnen – oder gewinnen. Das ist mein Leitsatz

Ich selbst habe gelernt, dass Bücher zu meinen engsten Freunden gehören. Immer, wenn ich niedergeschlagen oder traurig bin, lese ich Bücher. Ich bin überzeugt von der Macht der Wörter und lese alles Mögliche: Literatur, Philosophie – in verschiedenen Sprachen, Englisch, Kurdisch, Persisch ... Besonders wichtig für mich war der Essay »Ein Zimmer für sich allein« von Virginia Woolf. *(Der 1929 erschienene Aufsatz gehört bis heute zu den meistrezipierten Texten der Frauenbewegung. Darin verbindet Woolf Thesen zu Feminismus und Geschlechterdifferenz mit Überlegungen zu Literaturgeschichte und Poetik, Anm. d. Red.)* Als ich ihn gelesen hatte, habe ich gemerkt, dass ich vieles richtig gemacht habe. Mit sieben habe ich angefangen, über mich und mein Leben zu schreiben. Und jetzt gibt es all diese Tagebücher. Woolf sagt, eine starke Frau müsse über ihr Leben schreiben, nicht nur über die epochale Geschichte. Einmal habe ich jemanden interviewt, der viel über England erzählte und mich dann fragte: Was hättest du selbst geschrieben? Über dich? Über dein Leben? Für jede Frau ist es wichtig, über ihr Leben zu schreiben.

Ich verliere nie die Hoffnung, trotz aller Traurigkeit, trotz so vieler Schockmomente. Die Hoffnung ist in jedem Moment da, und das Lesen beruhigt mich. Die Musik auch. Strategisch muss man an das Prinzip Hoffnung denken und positiv in die Zukunft schauen. Entweder gewinnen – oder gewinnen. Das ist mein Leitsatz. Ich versuche, meinen

Träumen gegenüber immer loyal zu bleiben und für sie zu kämpfen. Auch das hilft mir dabei, meine innere Stärke zu bewahren.

Minderheiten und Volksgruppen müssen ein Recht auf Selbstbestimmung bekommen

Ich wünsche mir zutiefst, dass es gelingt, im Iran ein demokratisches, dezentrales System zu etablieren, in dem die Rechte von Minderheiten und Volksgruppen gewahrt werden, in dem es keine Diskriminierung mehr gibt. Besonders wichtig für die einzelnen Völker wäre das Recht auf Selbstbestimmung und das territoriale Recht auf Selbstregierung. Das wäre die zentrale, alles entscheidende strategische Änderung, die diese Revolution herbeiführen müsste, auch wenn das nicht von allen gutgeheißen wird. Es braucht diesen Schritt, denn die Trennung von Religion und Staat und die Etablierung einer zentralistischen, menschenrechtsorientierten Regierung allein werden auf Dauer keine Lösung sein. Langfristig würde ein auf diese Weise organisierter Staat wieder zur Tyrannei oder zu einer Monarchie führen. Ich hoffe aber, dass wir endlich eine vollständige Befreiung und Emanzipation aller im Iran vereinten Völker durchsetzen können.

Für mich ganz persönlich hat der Tod von Jina vieles verändert. Obwohl das Gefängnis schrecklich ist, obwohl es zu Vergewaltigungen kommen kann – ich will mitmachen und meinen Teil zum Gelingen der Revolution beitragen. Die einzige Angst, die ich habe, ist, dass ich im Gefängnis meine Tanbur *(eine für den Orient, vor allem aber auch für kurdische Musik typische Langhalslaute, Anm. d. Red.)* nicht mehr bei mir habe. Das wäre für mich sehr schwierig. Aber ich glaube, für die meisten Menschen in dieser Gesellschaft ist der Moment erreicht, in dem sie nicht mehr unter so schrecklichen Umständen leben wollen. Sie wollen Freiheit, egal zu welchem Preis, und sind deshalb sogar bereit, eher zu sterben, als weiter in der bisherigen Situation zu leben.

Man spürt eine neue Art von Dialog, ohne dass die einzelnen Stimmen ihre Identität verlören. Diese Revolution hat einen ganz eigenen Diskurs, trotz der vielen Unterschiede in den politischen Ansichten oder der Religion. Man spürt eine Welle der Gemeinsamkeit, die selbst das Alltagsleben prägt. Allein das fühlt sich schon an wie ein historischer Moment.

NARGESS ESKANDARI-GRÜNBERG

Nargess Eskandari-Grünberg wurde in Teheran geboren. Sie flüchtete 1985 aus dem Iran, wo sie in Opposition zum Regime stand. Ihr Protest gegen das Mullah-Regime führte zu ihrer Verhaftung. Sie wurde in dem berüchtigten Foltergefängnis Evin inhaftiert, wo sie ihre Tochter zur Welt brachte. Nach eineinhalb Jahren kam sie frei und gelangte 1985 mit ihrer zweijährigen Tochter nach Deutschland. Sie ist niedergelassene Psychotherapeutin und Kommunalpolitikerin. Seit 2021 ist sie Bürgermeisterin der Stadt Frankfurt am Main und bis zur Neuwahl 2023 dort auch kommissarisch Oberbürgermeisterin. Sie ist Mitglied der Partei Die Grünen.

Für mich ist das wie ein Déjà-vu-Erlebnis

Ich glaube, ich habe meinen roten Faden bereits im Alter von 15 Jahren gefunden, als ich im Iran ein Plakat für Menschenrechte und Demokratie selbst gebastelt habe. Damals war mir klar, ich will die Welt verändern. Es war mir aber auch wichtig, eine universitäre Laufbahn in Richtung eines Berufes einzuschlagen, der mit Menschlichkeit zu tun hat. Als klinische Psychotherapeutin, die lange mit Menschen zusammengearbeitet hat, spürte ich darum auch diesen politischen Drang, etwas zu verändern und mich für Menschenrechte und Frauenrechte einzusetzen. Egal, was ich gemacht habe, das hat mich nicht losgelassen.

Wenn ich jetzt die jungen Menschen sehe, die im Iran auf die Straße gehen, dann ist das für mich wie ein Déjà-vu-Erlebnis. Auch ich bin damals verhaftet worden, weil ich ein Plakat hochgehalten habe. Heute sitze ich hier im Römer und schaue auf die Paulskirche, und es ziehen Jugendliche von Fridays for Future vorbei. Stellen Sie sich vor, man würde sie alle ins Gefängnis stecken und ihnen zum Vorwurf machen, für Klimaschutz und Menschenrechte zu kämpfen. Auch im Iran gehen die Menschen für etwas Gutes auf die Straße, aber sie werden nicht dafür gelobt, sie kommen nicht ins Fernsehen, sondern sie werden ins Gefängnis gesteckt. Das ist ein Schlag ins Gesicht, vor allem auch, weil das Durchschnittsalter der Protestierenden bei etwa 17 Jahren liegt.

Wir lassen das nicht zu. Wir werden jede Gelegenheit nutzen, für unsere Selbstbestimmung, für unsere Freiheit als Mensch, als Frau zu kämpfen

Als ich im Iran aktiv war, war ich in einer Gruppe, die gegen die Islamische Regierung kämpfte. In dieser Gruppe habe ich auch meinen damaligen Mann kennengelernt, und wir haben natürlich mit allem gerechnet, aber dann zu realisieren, dass man wirklich inhaftiert und ins

Gefängnis gesteckt wird, das war, so kann ich es heute sagen, ein traumatisierender, ein schockierender und verletzender Moment. Plötzlich befand ich mich in diesem Gefängnis und kam in eine Einzelzelle. Ich war damals schwanger mit meiner Tochter und erlebte das als einen unheimlichen Zusammenbruch. Andererseits kann ich sagen, dass die Resilienz, die ich heute verspüre, damals im Gefängnis entstanden ist. Denn dort haben sie versucht, Menschen zu brechen, ihnen ihre Identität zu nehmen, ihre Persönlichkeit.

Im Gefängnis habe ich einen sehr starken Zusammenhalt erlebt. Die Frauen haben sich gegenseitig unterstützt. Wir sind nicht alle mutig, wir halten nicht alle die Folter aus oder eine solch schwierige Situation. Es waren Momente, die mich sehr, sehr, sehr stark darin beeinflusst haben, nicht aufzugeben, mich nicht brechen zu lassen. Das Ziel dieses Regimes war und ist es, gerade die Frau zu entmenschlichen. Die Frau soll kein Mensch und keine Frau mehr sein. Aber wir sagten: Wir lassen das nicht zu. Wir werden jede Gelegenheit nutzen, für unsere Selbstbestimmung, für unsere Freiheit als Mensch, als Frau aufzustehen und gegen Terror, gegen Morde, gegen Hinrichtungen zu kämpfen und uns nicht brechen zu lassen. Das hinterlässt Wunden, eine große Wut und unheimliche Trauer. In meinem Fall ist das nun 37 Jahre her, aber es gibt kaum Momente, in denen ich das vergessen kann. Und jetzt, in einem Moment, in dem die Bewegung und die Revolution so nah sind, wird all das wachgerüttelt und diese Emotionen werden wieder hervorgeholt.

Diese Bilder werden in die Geschichte eingehen

Ich war damals 17, 18 Jahre alt. Ich habe in dem Gefängnis ständig erlebt, dass die Menschen, die neben mir geschlafen hatten, am nächsten Tag hingerichtet worden sind. Wenn man aufgestanden ist, war derjenige oder diejenige nicht mehr da. Das passierte tagtäglich, mit der Zeit waren es fast 1500 Menschen, die hingerichtet wurden. Und wenn ich heute sehe, wie diese jungen Menschen, diese fantastisch schönen, jungen Menschen, Frauen wie Männer, umgebracht werden, frage ich mich:

Was macht das mit deren Familien? Was machen ihre Angehörigen? Was macht das mit ihren Kindern? Und das macht mich unwahrscheinlich traurig. Aber zugleich macht es mich hoffnungsvoll, wenn ich diese mutigen Menschen sehe, die auf die Straße gehen und so kreativ sind und so tapfer sind und keine Waffen haben außer ihrem Mut; keine Waffen, außer ihrem Handy, das sie hochhalten – da geht mir das Herz auf.

Diese Bilder werden in die Geschichte eingehen. So, wie vor 100 Jahren die Frauen für ihr Wahlrecht gekämpft haben, stehen heute die Frauen wieder auf und kämpfen für Souveränität, für Selbstbestimmung. Und das macht mich glücklich. Das macht mich stolz und hoffnungsvoll.

Demokratie hat es im Iran noch nie gegeben, und ich wünsche mir für dieses Land, dass diese Träume von der Demokratie, den Menschenrechten, Frauenrechten wahr werden können. Ich weiß, das wird ein langer Prozess sein. Demokratie bedeutet Lernen, demokratisch zu sein. Wenn das im Iran möglich wäre, wäre dies eine Bereicherung für unsere Welt. Warum? Weil es eine Chance wäre für die Menschen, die dort leben und so viele Jahre hindurch unter diesem Terror, unter dieser Diktatur gelitten haben. Es wäre eine Chance für junge Menschen, die dann eine andere Perspektive hätten und ein besseres Leben.

ExiliranerInnen haben sich plötzlich sichtbar gefühlt und es hat uns über alle Schichten hinweg verbunden. Und die Frauen im Iran riefen: Gemeinsam sind wir stark. Habt keine Angst, wir sind zusammen. Das war am Anfang der Slogan. Und jetzt heißt es: Habt Angst, denn wir sind zusammen. Und wenn wir alle diese Stimme stärken und uns einsetzen, dann werden wir gehört. Sonst werden wir leider nicht mehr gehört.

Es ist auch wichtig, dass die Staaten endlich angemessen reagieren

Die Menschen im Iran müssen wissen, dass wir uns gegenseitig stärken können. Wir sind hier für sie. Ob es schneit, ob die Sonne scheint, wir gehen auf die Straße, in Paris, in Frankfurt, in Toronto, egal wo. Es ist auch wichtig, dass die Staaten endlich angemessen reagieren. Ich bin wirklich wütend, denn wir wollten die Pasdaran, die Revolutionsgarde, doch als Terrorgruppe einstufen. Ich war enorm enttäuscht, dass das Europäische Parlament argumentiert, es müsse ein Gericht geben, das darüber entscheidet. Wir haben gesehen, wie sie in Berlin, in Bonn, in Paris und London Oppositionelle umbringen. Was brauchen wir noch für Argumente, diese Revolutionsgarde auf die Terroristenliste zu setzen? Ich habe mehrmals gefordert, dass Vertreter des Regimes, ob in Konsulaten oder in Botschaften zurückgeschickt werden. Ebenso müssen unsere Botschaftsangehörigen aufgefordert werden, den Iran zu verlassen, damit es keine Beziehungen zu diesem Land gibt. Dieses Regime muss merken, dass es keinen Rückhalt mehr hat. Wir haben in den letzten Statistiken gesehen, dass 86 % der Menschen, die im Iran leben, gegen diese Mullah-Regierung sind.

Der Iran versucht durch Unterstützung des IS, durch die Lieferung von Drohnen an Russland, durch Unterstützung des Assad-Regimes, Terror zu stiften. Wenn der Iran hingegen demokratisch wird, dann haben wir ein Land als Partner, und das könnte einen Dominoeffekt haben für die Frauenrechtsverletzungen in Afghanistan, Saudi-Arabien, im Irak, in Syrien. Es existiert in dieser Region kein demokratisches Land mit Ausnahme von Israel.

Ich musste andauernd beweisen, dass ich gut genug war, auch und gerade mit dieser Wunde, die man im Gefängnis erlitten hat und die man als Person mit Einwanderungsgeschichte behält

Seit Jahren setze ich mich politisch ein gegen Ungleichbehandlung, Diskriminierung, Ausgrenzung. Ich bin die erste Bürgermeisterin deutschlandweit mit Migrationshintergrund. Ich bin die erste Frau, die das in einer so großen Metropole geschafft hat. Es war sehr schwer und nicht selbstverständlich, diesen Weg zu gehen und sich immer wieder zu sagen: Sei gut, sei schön, sei kompetent, erwerbe den Doktortitel, habe einen Hochschulabschluss, sei politisch. Ich musste andauernd beweisen, dass ich gut genug war, auch und gerade mit dieser Wunde, die man im Gefängnis erlitten hat und die man als Person mit Einwanderungsgeschichte behält. All diese Dinge trägt man in sich. Und diese Hartnäckigkeit will ich vielleicht als einen Charakterzug von mir beschreiben, dieses Nicht-aufgeben.

Als ich 12 oder 13 Jahre alt war, habe ich die persische Dichterin Forugh Farrochzäd entdeckt. *(Sie gilt heute als eine der größten poetischen Stimmen der persischen Literatur im 20. Jahrhundert, Anm. d. Red.)* Sie schrieb über die Souveränität von Frauen, über Sexualität, über Liebe, und ich fragte mich, wie jemand überhaupt so etwas schreiben kann. Diese Stärke, dieser Mut und ihre Gedichte haben mir, als ich im Gefängnis war, Kraft gegeben. Dass es diese Poesie von Frauen gibt, hat mich unwahrscheinlich bewegt.

Ich denke an den Augenblick, an dem ich, unbemerkt, dem stillen Kerker kann entfliehn dem Mann, der mich einsperrte, lach' ich ins Gesicht und beginn' ein neues Leben, dort an deiner Seite.

—Forugh Farrochzäd

FARIBA BALOUCH

Fariba Balouch ist Iranerin und Belutschin und setzt sich als Menschenrechtsaktivistin für Frauenrechte und für die Gleichstellung der Belutschen ein. Sie lebt in London, sitzt mir während des Interviews digital in einem bunten traditionellen Kleid gegenüber. Viele belutschische Frauen, so erzählt sie, haben ihre Tschadors verbrannt und tragen nun wieder ihre bunten Kleider, die sie vor der Islamischen Revolution 1979 getragen haben. Auch religiös orientierte Frauen in Belutschistan unterstützen die Revolutionsbewegung und die Forderungen der Frauen.

Wir erhalten keine Geburtsurkunde, keinen Personalausweis

Ich wurde in Iranschahr, im Südosten Irans und der Provinz Sistan und Belutschistan geboren. Das Leben als belutschische Bürgerin ist mit großen Herausforderungen verbunden, zumal nur etwa fünf Prozent der iranischen Bevölkerung Belutschen sind. Seit 100 Jahren lebt diese Volksgruppe im Iran, in Pakistan und Afghanistan und seit ebenso langer Zeit leidet sie unter systematischer Diskriminierung. Seit nunmehr 44 Jahren werden alle IranerInnen von der Islamischen Republik unterdrückt, aber die Repressionen in Belutschistan sind noch intensiver, als in anderen Teilen des Landes – vermutlich, weil wir eine eigene Sprache und Kultur haben und unsere eigene Tracht tragen. In der Schule, in der Gesellschaft, in anderen Städten, überall begegnet uns Diskriminierung. Schon als Kind spürt man sie. Belutschistan ist eine reiche Provinz, die Menschen aber leben in Armut. Es mangelt an Trinkwasser und elementaren Dingen. Wir erhalten keine Geburtsurkunde, keinen Personalausweis, das heißt, wir können unsere Identität nicht ausweisen. Selbst in ländlichen Gebieten, die in der Nähe von Städten liegen, gibt es keine Schulen. Kinder müssen viele Kilometer zurücklegen, bis sie eine Schule erreichen. Ich war 16 Jahre lang Lehrerin und habe beobachtet, wie schwer es die Schüler und Schülerinnen hatten, einige waren aufgrund der Armut gezwungen, den Schulbesuch zu unterbrechen. Schülerinnen, die den Schulbesuch unterbrachen und nicht mehr zur Schule kamen, fragte ich nach dem Grund, und sie antworteten, es sei aus finanziellen Gründen und dass sie jetzt Koranschulen besuchten. Koranschulen sind kostenlos und Belutschinnen stehen unter dem Druck der traditionellen Familien. Und das war genau die Absicht der Islamischen Republik, sie wollten, dass die Frauen zu Hause blieben.

Die Regierung versucht, ein falsches Bild von uns zu verbreiten und uns zu kriminalisieren, um uns von unseren Landsleuten zu trennen, das Volk zu spalten; in Spielfilmen und Dokumentarfilmen tragen

Verbrecher und Schmuggler, egal in welchem Teil des Landes, meistens belutschische Trachten. In anderen Städten des Landes, wenn wir Belutschi sprechen, blickt man auf uns, wie auf fremde Menschen, und viele fragen, woher seid ihr?

Ich selbst habe als Lehrerin auch Touristen betreut, sie erzählten, sie seien zum ersten Mal in dieser Region, weil sie immer Angst hätten, Belutschistan zu besuchen, und nun waren sie überrascht von der freundlichen Aufnahme. Erst jetzt, während dieser Revolution, und nach dem Massaker an den Belutschen im September 2022 wurde es unseren Landsleuten klar, in welcher Lage wir uns befinden, welche infame Politik die Islamische Republik gegen uns betreibt. All diese Diskriminierungen, Unterdrückungen, Morde fielen dem Regime der Islamischen Republik leicht, weil wir keine Stimme hatten. Die inländischen Medien sowieso, aber auch die ausländischen berichteten nicht darüber, was in diesem Teil Irans passierte. Dabei sind wird IranerInnen, ich sehe mich erst als eine Iranerin, dann als eine Belutschin.

Jetzt aber verbrennen junge Belutschinnen ihre Tschadors

In den vergangenen Monaten habe ich bei allen Demonstrationen, bei meinen Interviews, immer unsere Tracht getragen, weil ich zeigen will, dass mir meine Kleidung, meine Sprache, meine Überzeugungen wichtig sind. Ich respektiere alle Sprachen, andere Überzeugungen, jede Art von traditioneller Bekleidung und erwarte daher Respekt für unsere Traditionen. Bis zur Islamischen Revolution haben wir uns immer traditionell gekleidet, mit einem dünnen Schal als Kopfbedeckung, wie es auch die kurdischen Frauen tun. Auch in der Öffentlichkeit konnten Männer und Frauen zusammen sein, wie bei den Kurden. Aber was passierte dann? Nach der Islamischen Revolution mussten Belutschinnen Tschador tragen. Dabei sind ihre Trachten wertvolle Handarbeiten. Frauen arbeiten einige Monate an diesen Kleidungsstücken – sie sind Teil ihrer Identität. Wissen Sie, dass der schwarze Tschador von

Belutschen »Khomeinis Tschador« genannt wird? Jetzt aber verbrennen junge Belutschinnen ihre Tschadors. Wenn wir in alten Fotoalben blättern, sehen wir Aufnahmen von unseren Eltern, Großeltern, Frauen, die bunt gekleidet sind, Männer und Frauen zusammen, ohne jeden Fanatismus, das hat mit der Konfession nichts zu tun.

Mit oder ohne Tschador, vorwärts zur Revolution

Wenn man sich mit der Geschichte Belutschistans und der belutschischen Mythologie beschäftigt, dann finden sich dort viele Frauen, die neben Männern kämpften, die Handel trieben oder politisch aktiv waren. Die Islamische Republik wollte durch Stärkung der Religion die belutschischen Frauen aus der Gesellschaft entfernen, damit sie nicht auf die Straße gehen und zu Hause bleiben. So wie jetzt bei der Bewegung »Frau, Leben, Freiheit«, aber schon in der ersten Woche der Proteste, gingen junge Frauen auf die Straße und verbrannten ihre Tschadors. Eine Frau, die in Teheran etwas an die Wände schreibt, ist mutig, aber es dauert vielleicht eine Woche, bis sie entdeckt wird. Hier in Belutschistan wird dieselbe Frau innerhalb weniger Stunden festgenommen. Die Städte sind klein und man erkennt uns schon an unserer Kleidung. Zu Beginn der Bewegung fragten viele, wo sind die Belutschinnen geblieben. Sie waren immer anwesend. Frauen, die in der Stadt Tschahbahar auf den Straßen gegen die Vergewaltigung einer 15-jährigen protestierten. Es wurden junge Frauen verhaftet, die erst kürzlich ihre Urteile bekommen haben. Es wird über Vergewaltigungen von Belutschinnen in Haftanstalten berichtet. Aber die Frauen in Belutschistan rufen dennoch: »Mit oder ohne Tschador, vorwärts zur Revolution!«

Schon nach den ersten Protesten an der Makki Moschee *(die große Sunniten-Moschee in Zahedan, Hauptstadt der Provinz Sistan und Belutschistan, in der der religiöse Führer Molawi Abdolhamid jeden Freitag seine Freitagsgebetsansprache hält, Anm. d. Red.)* ließen Regierungskreise Gerüchte verbreiten, demonstrierende Frauen seien Prostituierte, bezahlt für ihre Teilnahme an den Demonstrationen, deshalb würden sie keinen Hijab tragen! Dabei zeigten Belutschinnen, dass sie die Revolution unterstützen, Freiheit und Demokratie forderten. Fatemeh Sepehri kämpft und unterstützt die jungen Demonstranten, auch im Hijab. *(Die tiefgläubige und vollverschleierte Frau ist mehrfach verhaftet und zu Gefängnis und Peitschenhieben verurteilt worden. Sie setzt sich gegen den Zwang, den Hijab zu tragen, ein. Sie sitzt seit Monaten in Einzelhaft, Anm. d. Red.)*

Der Kampf der Belutschinnen unterscheidet sich von dem Kampf der Frauen in anderen Teilen des Landes, denn eine Frau in Teheran kämpft für ihre gesellschaftlichen Rechte, eine Frau in Belutschistan hingegen für ihre elementaren Rechte. Frauen in Belutschistan brauchen darum alle Unterstützung, zumal jetzt, wo sie sich zu der »Jina-Bewegung« bekennen. Zum ersten Mal werden wir Frauen in Belutschistan gesehen, gehört!

Freiheit ohne gesellschaftliche Unterschiede ist die richtige Freiheit

Alle Iranerinnen und Iraner träumen von einem Iran, in dem Freiheit, Demokratie, Gleichberechtigung herrschen, ohne Diskriminierung. Ein Land, in dem ich, als eine Belutschin, eine Kurdin, eine Türkin, eine Lure die gleichen Rechte habe wie eine Frau in Teheran oder Isfahan; in dem ich als Belutschin nicht eine Bürgerin dritter Klasse bin und im 21. Jahrhundert nicht daran denken muss, wie ich sauberes Trinkwasser, Geburtsurkunde oder einen Personalausweis bekomme. Ich wünsche mir ein Land, in dem für alle belutschischen Kinder Schulbesuch ermöglicht wird, in dem die Kindersterblichkeitsrate nicht mehr so hoch ist, wie jetzt; in dem ich nicht wegen meines Kleides, wegen meiner Sprache ausgelacht werde; in dem ich in Teheran nicht mehr gefragt werde »Woher kommst du denn?«, in dem Belutschinnen, die zum Studium in Teheran wohnen, nicht mehr beleidigend angesprochen werden: »Oh! Ich wusste nicht, dass es in Belutschistan hübsche Frauen gibt!« Zu meinen Freunden sage ich immer … *(sie weint, während sie das sagt),* in einem freien Iran werde ich alle meine Freunde nach Belutschistan einladen, in der Hoffnung, dass sie dann sehen, wie sehr wir in all den Jahren gelitten haben. Ich glaube, hätten wir im Iran mehr Einigkeit unter uns, hätten wir längst dieses Regime besiegt. Wir lieben diese Gesellschaft, dieses Land, seit fünf Monaten werden unsere jungen Männer und Frauen auf den Straßen umgebracht, und sie schreien immer noch, »Mein Leben für Iran«. Das ist wichtig, dass das alles beachtet wird. Entschuldigen Sie, aber jedes Mal, wenn ich über Belutschistan spreche, kann ich meine Tränen nicht kontrollieren, vielleicht, weil ich die Leiden und die Repressionen dort selbst erlebt habe. Ich hoffe, dass ich bald Freudentränen weine.

Diese »Jina-Revolution« hat in Belutschen die Hoffnung geweckt

Nach meiner Rede auf der großen Demonstration am 22. Oktober 2022 in Berlin und auch nach dem Massaker in Zahedan bekomme ich viel Unterstützung von meinen Landsleuten *(in Zahedan fand am 30. September 2022 ein gezieltes Blutbad statt, bei dem über 120 Menschen getötet wurden, Anm. d. Red.).* Sie entschuldigen sich, dass sie vieles über Belutschistan nicht wussten, das verstehe ich, aber jetzt wissen sie von dem Leid, das die Belutschen getragen haben.

Diese liebevolle Solidarität gibt mir Hoffnung. Die Belutschen sind immer zum Schweigen gebracht worden, jedes Mal, wenn sie sprechen wollten. Aber nun seit mehreren Monaten protestieren sie, trotz Verhaftungen, Hinrichtungen, Vergewaltigungen von Frauen. Das Regime nimmt Kinder ohne Ausweise fest und schickt sie nach Pakistan oder Afghanistan, unter dem Vorwand, sie seien keine IranerInnen. Aber trotzdem demonstrieren Belutschinnen und Belutschen.

Ein arabischer Freund sagte mir, er hätte keine Hoffnung auf einen Iran ohne Diskriminierung. Alle ethnischen Gruppen im Iran würden weiter unterdrückt werden, Kurden, Araber Türken, Luren, alle, aber ich habe die Hoffnung, dass es nicht so bleibt.

RITA JAHANFORUZ

Die Sängerin und Schauspielerin wurde 1962 als Tochter sephardischer Juden in Teheran geboren. 1970 wanderte die Familie nach Israel aus; zehn Jahre später schloss sich Rita Jahanforuz – im deutschsprachigen Raum auch als Rita Farouz bekannt – dem Unterhaltungscorps der israelischen Armee an. Bald wurde sie landesweit bekannt und nahm 1990 als Vertreterin Israels am Eurovision Song Contest teil. 2011 begann sie, auch auf Farsi Alben aufzunehmen, die vor allem durch die Verbreitung illegaler Mitschnitte im Iran ungeheuer populär wurden. 2013 sang Jahanforuz vor der Generalversammlung der Vereinten Nationen auf Farsi, Englisch und Hebräisch. In einem Instagram-Post nahm sie Anfang Oktober 2022 zum Tod von Jina Mahsa Amini Stellung, bestärkte die iranischen Frauen in ihrem Protest und rief Sängerinnen auf der ganzen Welt zu einem gemeinsamen Solidaritätskonzert auf.

Als ich mit meiner Familie den Iran verließ, war ich acht Jahre alt. Ich habe viele Erinnerungen an unser Leben dort. Meine ganze Familie wurde im Iran geboren. Deshalb trägt man seine Kultur und seine Erinnerungen die ganze Zeit mit sich herum – gute wie schlechte. Die guten Erinnerungen drehen sich um meine Kindheit, um Geschmäcker, Geräusche, warme und schöne Landschaften. Die schlechten ... Wir konnten zum Beispiel nie sagen, dass wir Juden sind. Es war ein Geheimnis, sogar während der Zeit des Schahs. Denn wir lebten in Teheran in einem muslimischen Viertel. Dort gab es viele Offiziere der Armee. Deshalb fanden unsere Eltern, man dürfe uns nicht ansehen, dass wir Juden sind. Meine Mutter war Friseurin und hatte in einem der Zimmer unserer Wohnung ihren Salon. Sie fürchtete, dass die Leute, die zu ihr kamen, um sich die Haare machen zu lassen, nicht mehr kommen würden, wenn sie wüssten, dass wir jüdisch sind. Denn viele Iraner und Iranerinnen sahen und sehen Juden als unrein an und vermeiden Berührungen und Kontakt.

Jüdisches Leben haben wir im Iran nie praktiziert. Auch nicht am Schabbat. Wir waren nicht religiös. Ja gut, wir haben an Jom Kippur gefastet. Meine Eltern gingen in ein jüdisches Viertel, um dort Matze (ungesäuertes Brot) zu kaufen, das Brot, das man am Pessach isst. Das hat überhaupt nicht geschmeckt. Es war so trocken. Wie ein Stück Holz. Das Brot, das wir dann in Israel gegessen haben, war völlig anders.

Manche Traditionen aus dem Iran lebten in Israel weiter

Ich glaube, es gab Jahre, in denen wir, obwohl wir in Israel waren, immer noch auf dem Boden, auf dem Teppich saßen. Allerdings hatten wir das Gefühl, dass es manchen Leuten unangenehm war, uns so zu sehen. Und wir singen immer noch Lieder auf Persisch, vor allem solche, die schon meine Mutter für uns zu singen pflegte.

Wir hatten aber von klein auf auch schon einen starken Bezug zu Israel. Mein Vater hatte als junger Mann drei Jahre in einem Kibbuz gelebt und Bäume gepflanzt. Damals hatte er sich vorgenommen, nach Israel zu emigrieren und dort zu leben, sobald er einmal heiratete und eine Familie gründete. Er mochte Israel sehr und konnte sogar ein bisschen Hebräisch. Dennoch kehrte er zunächst nach Teheran zurück und blieb dort. Als meine große Schwester 14 Jahre alt war, wurde sie von einer Lehrerin aufgefordert, das Islamische Morgengebet aufzusagen. Sie kam aber rasch ins Stocken, und erklärte schließlich: »Es tut mir leid. Ich kenne das Gebet nicht. Ich bin Jüdin.« Das war ein sehr dramatischer Tag für uns. Meine Schwester kam nach Hause und weinte. Mein Vater kam immer sehr, sehr, sehr spät in der Nacht heim, weil er drei verschiedene Jobs hatte: morgens in einer Schule als Lehrer, danach auf dem Basar für Altkleider und anschließend in der Wäscherei seines Bruders. Als er an diesem Abend zurückkam, fragte er, was passiert sei. Und nachdem meine Schwester die Geschehnisse geschildert hatte, sagte er: »Nun ist es, glaube ich, Zeit für uns, nach Israel zu gehen.« Als wir dort ankamen, konnte ich kein einziges Wort Hebräisch – bis auf »Schalom«. Das war das einzige Wort, das uns mein Vater auf der Reise beigebracht hatte.

Auch in Israel haben wir die Lieder meiner Kindheit auf Farsi gesungen

Unter dem Schah gab es sehr enge Beziehungen zu Israel. Israelis standen hinter der Realisierung vieler großer Bauvorhaben im Land, viele von ihnen lebten auch dort *(die jüdische Gemeinde im Iran umfasste laut dem Historiker und Politologen Thomas Speckmann Ende der 1970er-Jahre 100.000 Mitglieder, Anm. d. Red.)*, viele IranerInnen scheuten dennoch den Kontakt. Es gab aber auch eine Menge Leute, vor allem Intellektuelle, die mit Israelis und Juden zusammenarbeiteten. Die Vorurteile im Iran sind trotzdem bis heute präsent. Seit wir nach Israel emigriert sind, bin ich nie mehr in das Land meiner Geburt zurückgekehrt. Menschen mit israelischer Staatsangehörigkeit dürfen nicht mehr einreisen. Weil wir den Iran trotzdem sehr vermissen, haben meine

Mutter und meine drei Schwestern immer wieder versucht, möglichst nahe an ihn heranzukommen – beispielsweise, indem wir in die Türkei gereist sind. Dort gibt es wenigstens Essen, das uns an die Speisen im Iran erinnert.

Wir haben die Lieder unserer Kindheit auf Farsi gesungen – auch wenn es, als wir nach Israel kamen, alles andere als populär war, IranerIn zu sein. Sie haben sich über uns und unsere Sprache lustig gemacht, denn sie ist in gewisser Weise fast das Gegenteil von Hebräisch. Doch als meine Karriere begann und ich schließlich zum Fernsehen kam, fing ich an, zu meinen Wurzeln zu stehen. Für meine größte Show hatte ich meine Mutter und meinen Vater mitgebracht. Ich habe sie Farsi reden und meine Mutter in dieser Sendung sogar singen lassen.

Ich gab alles, was ich geben konnte, mit der ganzen Dramatik und Wärme meiner persischen Wurzeln

Für viele, die die Show gesehen haben, vor allem aber für Menschen mit iranischen Wurzeln, war das ein unvergesslicher Moment. Mir selbst war es nie peinlich, Perserin zu sein, ich trug das beinahe wie eine Krone auf meinem Kopf. Doch ganz viele haben sich dafür geschämt, für ihre Familie, für den Ort, an dem ihre Eltern geboren wurden, oder auch für sich selbst. Für mich dagegen hatte diese Sendung fast einen »Aschenputtel-Moment«: In nur einer Nacht wurde ich sehr, sehr berühmt und beliebt. Lange habe ich nicht verstanden, was damals eigentlich passiert ist. Heute denke ich, es lag daran, dass alle anderen Sängerinnen, die im Fernsehen auftraten, sehr höflich und zurückhaltend sangen, ohne sich groß zu bewegen. Und dann kam ich, und schrie mir das Herz aus dem Leib, hielt nichts zurück, gab alles, was ich geben konnte, mit der ganzen Dramatik und Wärme meiner persischen Wurzeln.

Von meiner ersten Platte an habe ich es mir zur Regel gemacht, auf jedem Album einen Song auf Persisch aufzunehmen. Das hat sonst niemand gemacht. Was dadurch mit der Zeit geschah, war, dass die persischen Menschen in Israel langsam anfingen, ihr Kinn ein bisschen zu heben und sich besser zu fühlen. Dennoch habe ich bis vor zwölf Jahren nie eine ausschließlich persische Platte gemacht, weil ich das Gefühl hatte, dass ich keine gute persische Sängerin bin. Mit 14 habe ich eine klassische Gesangsausbildung begonnen und gelernt, Opern von Verdi oder Puccini zu singen – Lieder auf Persisch aber hatte ich nie einstudiert. Deshalb hatte ich immer gedacht, dass ich dafür nicht gut genug bin.

Vielleicht lag es daran, dass ich vor zwölf Jahren eine Scheidung durchgemacht und eine schwierige Zeit hinter mich gebracht hatte. Ich habe angefangen, mein Leben bewusst zu feiern. So ist das, wenn man einmal tief unten war. Du fühlst dich wie Dreck, so niedergeschlagen bist du. Wenn du dann aber anfängst, dich zu heilen, fängst du auch an, dich zu feiern. In diesem Moment fühlte ich, dass es Zeit ist, ein ganzes Album auf Persisch aufzunehmen. Alle meine Kollegen und Freunde dachten, ich sei verrückt geworden und würde meine Karriere hier in Israel gefährden – schließlich war das eine der schwierigsten Phasen in den Beziehungen zwischen dem Iran und Israel. Der damalige iranische Präsident Ahmadinejad stieß ständig Drohungen aus, er wolle Israel auslöschen. Wer würde da schon eine ganze Platte in Ahmadinejads Sprache hören wollen? Aber ich hatte ein so brennendes Verlangen, meinen Plan umzusetzen, dass ich nicht aufzuhalten war.

Wir lieben euch! Wir lieben Israel! Wir lieben Sie, wir lieben Ihre Musik

Heute bin ich sehr froh, dass ich es getan habe, denn sobald ich das Album veröffentlicht hatte, bekam ich unzählige Mails auf Farsi. Zuerst konnte ich sie nicht einmal verstehen, weil ich die Schrift nicht so gut lesen kann. Also habe ich sie meiner Mutter und meiner Schwester gegeben und die ganze Zeit gefragt: »Was ist das?« In den Mails stand: »Wir lieben euch. Wir lieben Israel. Wir lieben Sie, wir lieben Ihre Musik.«

Jemand aus dem Iran schrieb, um bei einem meiner Konzerte dabei zu sein, würde er sogar in Kauf nehmen, nach seiner Rückkehr eine Strafe von 70 Peitschenhieben zu bekommen. Ich habe all diese Mails aufgehoben.

Nach etwa einem halben Jahr rief eine Journalistin vom Wall Street Journal an und erzählte, die Irankorrespondentin der Zeitung hätte berichtet, dass es dort mehr als eine halbe Million Downloads meiner Platte gab. Sie verkauften sie auf dem Schwarzmarkt, hörten sie auf Partys, in ihren Autos, in ihren Häusern. Ich war völlig verblüfft. Die Journalistin wollte mich interviewen, weil sie fand, dass meine Musik etwas schuf, woran die Politik gescheitert war: ein verbindendes Element zwischen den beiden Völkern. Dadurch öffnete sich mir eine vollkommen neue Möglichkeit: Ich nahm eine Platte mit jenen Liedern auf, mit denen ich aufgewachsen bin – die meine Mutter für uns sang, die unsere Feste begleitet hatten und unsere Nächte. So kam es, dass ich eingeladen wurde, vor der UN-Vollversammlung zu singen, als Geste des guten Willens der israelischen an die iranische Delegation. Bevor ich zur UN flog, sagte der damalige israelische Premierminister Shimon Peres zu mir: »Weißt du, wenn die IranerInnen nicht mit uns reden wollen, werden wir mit dir für sie singen.«

Aber eigentlich habe ich es für den Absender jener Mail getan, der mir geschrieben hatte, er würde für ein Konzert von mir 70 Peitschenhiebe in Kauf nehmen. Seitdem lassen wir auf all meinen Konzerten einen Stuhl frei – mit dem Wunsch, dass er eines Tages wird kommen können. Vielleicht werde ich irgendwann im Iran auftreten können. Oder er kann nach Israel kommen. Daran glaube ich nach wie vor fest.

Die Lieder – Löcher in einer trennenden Mauer

Mit meinen Liedern ist es tatsächlich gelungen, eine Art Friedensbrücke zu bauen zwischen Israel und dem Iran. Natürlich kann ein einzelner Mensch trotzdem nicht die ganze Mauer einreißen, die momentan zwischen beiden Völkern steht. Aber ich kann Löcher bohren, kleine

Löcher, durch die es möglich ist, in ein Auge auf der anderen Seite zu sehen und so eine Verbindung herzustellen. In einem Interview, das in einem iranischen Magazin veröffentlicht wurde, habe ich einmal gesagt: »Manchmal kämpfen Menschen, weil sie eine Grenze zwischen sich haben. Aber wir, Israel und der Iran, haben ja gar keine gemeinsame Grenze. Einen Krieg in einem Land zu führen, das weit von einem entfernt ist ... das müssen schon seltsame Interessen sein, die hier dahinterstehen.«

Dabei gibt es in der Mentalität von IranerInnen und Israelis durchaus Gemeinsamkeiten: Beide sind warmherzig, und die Familie spielt eine große Rolle. Viele Freunde erzählen mir, dass die Menschen, denen sie sich am meisten verbunden fühlen, Iraner und Iranerinnen sind. Beide finden, außerhalb unserer Landesgrenzen, sehr schnell Anschluss, weil sie dasselbe fühlen. Doch seit 44 Jahren dürfen IranerInnen nicht an Sportwettbewerben teilnehmen, an denen auch Israelis beteiligt sind. Iranische und israelische SängerInnen dürfen nicht gemeinsam auf der gleichen Bühne singen. Es gibt einen iranischen Sänger, den ich bewundere und liebe. Und obwohl wir uns bestens verstehen und er auch meine Musik sehr schätzt, kann er nicht mit mir zusammenarbeiten oder ein Duett singen. Er weiß, sein Heimatland würde ihn fallen lassen, wenn er das täte.

Umso mehr erstaunt mich der Mut des jungen Singer-Songwriters Shervin Hajipour, dessen Lied »Baraye« als Hymne der jetzigen Proteste im Iran angesehen wird, obwohl er kurz nach der Veröffentlichung verhaftet wurde und das Lied von sämtlichen iranischen Plattformen löschen musste *(Im Februar 2023 wurde »Baraye« mit dem Grammy ausgezeichnet, Anm. d. Red.)* Sobald ich diesen Song höre, hört mein Herz auf zu schlagen. Es bleibt stehen – so stark ist dieser Song. Viele Leute schicken mir das Lied und schreiben: »Bitte, bitte singen Sie es auf Hebräisch.« Doch ich glaube nicht, dass es auf Hebräisch die gleiche Wirkung hätte.

Ich finde, dass die Frauen, die im Iran für ihre Freiheit kämpfen, Heldinnen sind. Dass jede Frau in diesem Land es verdient hat, in Freiheit zu leben und zu tun, was sie allein will. Deshalb sende ich ihnen viel Kraft und glaube fest, dass sie gewinnen werden.

Deshalb träume ich manchmal auch, dass ich eines Tages mit Shervin Hajipour in einem Teheraner Stadion stehe und wir gemeinsam »Baraye« singen. Daran möchte ich festhalten, schließlich sind es die Träume, die normalen Menschen helfen, die Welt in jenen Ort zu verwandeln, von dem sie immer geträumt haben. Also halte auch ich an meinem Traum, an meiner Vision fest – dann kann sie auch Wirklichkeit werden.

Mit meinen Liedern ist es tatsächlich gelungen, eine Art Friedensbrücke zu bauen zwischen Israel und dem Iran.

JASMIN SHAKERI

Jasmin Shakeri ist Schauspielerin und Musikerin, gebürtige Berlinerin, Tochter iranischer Eltern und mehrfach ausgezeichnete Songwriterin für Künstler:innen wie Andreas Bourani, Elif, Joy Denalane. Mit ihrem Team arbeitet sie als Filmmusikkomponistin für diverse TV- und Kinoproduktionen und veröffentlichte 2022 unter dem Bandnamen D.R.A.M.A. das erste Mal Songs über ihr eigenes Musiklabel »Write Or Die Records. Schreiben oder Sterben.«

Was uns fehlt

Noch nie in meinem Leben war ich so traurig wie jetzt. Und vor allem, noch nie so traurig wegen wirklich wichtiger Dinge. Es geht nicht um eine unerwiderte Liebe oder Ärger im Job: Es geht um Menschenleben. Zugleich war ich nie so dankbar für dieses Leben, das ich führen darf. Dieses Lotterielos der Freiheit, das ich gezogen habe am Tag meiner Geburt in Berlin, in einem Deutschland ohne Krieg, ohne Hinrichtungen, ohne die Schreie von Müttern, deren Kinder für die Dinge öffentlich gehängt werden, die für mich selbstverständlich sind, und die mein Leben zu einem so unfassbar lebenswerten machen.

Die letzten Monate waren nicht nur durchtränkt von Schlaflosigkeit, Ohnmacht und Sorge. Sie waren allem voran ein einziger Vergleich.

Gestern sprach ich mit meinem Freund Amir im Iran. Wie so oft in den letzten Monaten, harrten wir über Stunden am Telefon aus, da die Leitung immer wieder unterbrochen wurde. Auch die VPN-Verbindungen, mit denen man die Internet-Sperre des Regimes zu umgehen versucht, sind miserabel, damit genau solche Gespräche wie die unsrigen gar nicht erst stattfinden können.

Nachdem wir ein paar Höflichkeiten ausgetauscht und uns über die letzten Tage des anderen erkundigt haben, verfallen wir in minutenlanges, gemeinsames Schweigen.

»Schließ mal deine Augen, Jasmin«, sagt er in die Stille. »Stell dir vor du sitzt in einem dunklen Raum. Ohne Fenster, mit einer fest verschlossenen Tür. Du weißt nicht, wie du in diesen Raum kamst, du weißt nur, dass du nie irgendwo anders warst als hier. Dir ist egal geworden, welches Jahr gerade ist, wie viel Uhr, ob Tag oder Nacht, ob Frühling oder Herbst. Dort, wo du bist, in diesem Raum, deinem ›Zuhause‹, gibt es keine Jahreszeiten. Ein Mobiltelefon hast du, zum Glück.

Und ab und an sogar noch stabilen Empfang. Du öffnest den Browser und da ist sie, die Welt. Deine Lieblingsband, das neueste Musikvideo, ein Konzert in Rio de Janeiro und du in deinem dunklen Raum, bist live dabei. Fashionshows in Mailand, der Iron-Man-Wettbewerb auf Hawaii, du fieberst mit. Du siehst junge Menschen in den Straßen tanzen. Ein Karneval! So bunt, so ausgelassen, wie schön es da ist! Du lässt dich von den glücklichen Gesichtern auf dem Screen anstecken, stehst auf und tanzt und singst, erst leise, dann laut, in deinem Raum. Auch wenn dieser schön eingerichtet ist, sich so bemüht, dir ein Zuhause zu sein: Es ist und bleibt ein enger Raum. Und du fragst dich: Welches Los habe ich gezogen, dass ich hier in diesem Raum sitze? Was habe ich verbrochen, dass mir all diese Freude, diese Aussicht darauf, diese Welt zu sehen, zu spüren, zu schmecken und zu erfahren, vorenthalten bleibt?«

»Dieser Raum«, sagt Amir, »ist Iran.«

»Umgeben von der schönsten, der vielfältigsten Natur, die sich alle Mühe gibt, uns ein Zuhause zu sein. Von schneebehangenen Berggipfeln zu paradiesischen Traumstränden, von ländlicher Idylle zu großstädtischer Lebhaftigkeit: Warum ist es uns nicht vergönnt, diese Schönheit zu genießen und uns zumindest an diesem Raum zu erfreuen?

Wir sitzen fest. Es ist beklemmend eng und wiegt schwer auf der Brust. Wir müssen nicht erst inhaftiert worden sein, um in einem Gefängnis zu leben: Die Islamische Republik, diese Theokratie, dieses Regime, hat uns alle eingesperrt. Unsere Seelen, unsere Freude, unsere Zukunft. Die Welt hat mit dem Finger auf den Iran gezeigt, von der ›Achse des Bösen‹ gesprochen und uns rhetorisch mit diesen Mördern jahrzehntelang gleichgestellt.

Sie können uns nicht damit gemeint haben!

Siebzig Prozent der iranischen Bevölkerung sind unter fünfunddreißig.

Kennst du einen jungen Menschen, der nicht an seiner Freiheit, seiner Selbstverwirklichung hängt? Liegt der Sinn der Jugend nicht darin, dass das ganze Leben noch vor einem liegt? Dass man Träume hat, die realisierbar scheinen, weil man noch *Zeit* hat, ein Leben lang?

Sie können uns nicht gemeint haben, mit der ›Achse des Bösen‹, das merken sie nun selbst.

Zum ersten Mal seit 43 Jahren scheint die Welt zu sehen, dass ein unüberwindbarer Graben zwischen dem Unrechtsregime der Mullahs und uns, der freiheitsdurstigen Bevölkerung, verläuft.« Seine Stimme bricht und wieder schweigt er. Auch mir schnüren seine Worte die Kehle zu.

Amir war einst Kletterer, ein Athlet. Er hat die Berge des Iran erklommen. Die freie Luft zu atmen, die kurzen Momente des Glücks, das konnte ihm niemand nehmen – in der Natur seines Landes, die die Seelen der Menschen tröstet, jedoch wie seine Bevölkerung unter Vernachlässigung und Gleichgültigkeit gegenüber allem Lebenden leidet, die das Regime kennzeichnen.

Er kletterte bald so gut, dass er sich seinen Lebenstraum hätte erfüllen können, Profisportler zu werden. Doch dann kam der Tag, an dem er sich zwischen diesem Traum und seinem Gewissen entscheiden musste.

Es war der Tag, an dem ihm bewusst wurde, dass er als Mitglied der iranischen Nationalmannschaft niemals die Flagge der Islamischen Republik siegreich auf einer Bergspitze hissen wollte. Es war der Moment, in dem er realisierte, dass seine Leidenschaft von einem kindermordenden Regime für dessen propagandistische Zwecke instrumentalisiert und missbraucht werden würde und sich die zu den schlimmsten Grausamkeiten der Menschheit fähigen Tyrannen mit seiner Errungenschaft schmücken würden:

Das war der Tag, seit dem er nie wieder einen Berg bestiegen hat.

Es gibt Entscheidungen, in denen Haltung zu zeigen das gesamte Glück kosten kann. Als der deutsche Fußballnationalspieler Thomas Müller zur WM in Katar sagte, dass viele enttäuscht sein würden, wenn die Spieler ihren Traum von der Meisterschaft opferten für eine politische Sache wie eine Positionierung gegen die Fifa und die Menschenrechtsverletzungen der Regierung Katars, fragte mich Amir: »Ist mein Traum denn weniger wert gewesen als seiner? Ich habe das Einzige aufgegeben, das mir in diesem Leben Freude gebracht hat, um nicht Teil einer Ungerechtigkeit zu sein, indem ich von ihr profitiere.«

»Was machst du morgen?«, frage ich unbeholfen in die Stille.

»Ich muss irgendwie meinen alten Peykan zusammenflicken, ich brauche den Wagen, um meinen Job zu behalten, aber ich glaube, er gibt bald den Geist auf. Vielleicht finde ich am Stadtrand irgendwo das nötige Ersatzteil für den Motor. Ich atme die ganze Zeit die Gase ein, die vom Motor ins Wageninnere gelangen, abends nach der Arbeit habe ich meistens Kopfschmerzen davon. Danach bin ich am großen Friedhof (Beheshte Zahra), da treffen sich alle. Ich muss irgendwie sehen, dass ich mir noch eine Maske besorge und einen Hoodie. Du weißt schon. Zan Zendegi Azadi. Und was machst du morgen?«

Und da ist es wieder. Dieses Unbehagen in meinem Bauch. Ich kenne dieses Gefühl noch nicht lange, aber seit es zum ersten Mal aufgekommen ist, hat es stetig an Intensität zugenommen. Es ist eine andere, eine wahrhaftigere Form von Scham, als sie mir bisher bekannt war. Was ich morgen mache, denke ich, zynisch den morgigen Terminplan im Kopf durchgehend: Ich werde morgens aufstehen, mir mit meiner hochwertigen Kaffeemaschine einen Cappuccino mit Hafermilch machen, dann in mein komfortables Auto steigen und in mein vollausgestattetes Musikstudio fahren, um dort den ersten Entwurf eines gut bezahlten Werbejingles aufzunehmen, bevor ich abends zum Persian Dinner einer Freundin eingeladen bin, bei welchem wir an einem reich gedeckten Tisch unsere Köpfe darüber zusammenstecken, wie wir am kommenden Wochenende so viele Berliner:innen wie möglich für eine Demonstration am Brandenburger Tor begeistern können, obwohl es regnen soll.

»Ich muss arbeiten«, antworte ich kurz.

Als könne er hellsehen, sagt er: »Du erzählst kaum, was du machst, du sparst so viel aus, du sagst mir selten was bei dir passiert. Warum?« Und kurz bevor die Verbindung abbricht, höre ich ihn sagen: »Du hast keine Ahnung, wie glücklich es mich macht, wenn es dir gut geht. Du sollst immer ...« – Weg ist er.

Sein letzter Satz hallt in der Stille nach. Ich sollte noch einmal probieren anzurufen und auf seine Worte eingehen, aber sein aufrichtiges, neidloses Wohlwollen legt sich wie Blei auf meine Brust. Wie geht das? Woher nimmt ein Mensch, dessen eigenes Leben so von Verzicht geprägt ist, die Größe, sich über die Sorglosigkeit eines anderen auf diese ehrliche Weise zu erfreuen? Ich sehe mich selbst vor mir, meine Momente der Missgunst, des Gefühls der Benachteiligung wegen Dingen, die nicht einmal ansatzweise im Verhältnis zu dem stehen, was er erfahren hat, und werde wütend.

Mir gehen die letzten Monate durch den Kopf. Unkontrollierbar entlädt sich in mir alle angestaute Machtlosigkeit gegenüber den Ungerechtigkeiten wie ein zorniges, groteskes Daumenkino der Revolution: der Mord an Jina Amini, der vielleicht wohl nur an die Weltöffentlichkeit gelangte, weil er in Teheran stattfand, und nicht in der Provinz. Der Umgang mit ihrer kurdischen Identität, die durch den ihr vom diskriminierenden Regime aufgezwungenen Namen Mahsa lang genug verborgen blieb und sich eine breite Masse zum ersten Mal, ohne es zu wissen, für das Schicksal einer kurdischen Frau interessieren ließ. Meine eigene Ignoranz und Unwissenheit darüber, mein eigenes Verschlafen der letzten Jahrzehnte, das gefühlt so verspätete Finden meiner eigenen Stimme und ihrer Kraft.

Die Wut darüber, dass ich als Kind der Diaspora meine wunderschöne Muttersprache Farsi in Schrift und Wort so vernachlässigt habe, weil der Iran für mich so lange für den Schmerz und Heimatverlust meiner Eltern stand, dass ich lieber perfektes Englisch sprechen wollte. Die Wut darüber, dass ich es heute tue und lerne und spreche wie noch nie und dennoch das Gefühl nicht loswerde, viel versäumt zu haben. Die fließenden Erzählungen meines Vaters in seiner Sprache, die erschütternd zarte Poesie meiner Mutter. Die Geschichte unserer Familie, die Literatur unseres Landes, die Texte der Lieder. Für jemanden, der sein Leben dem Schreiben gewidmet hat, ist das eigene Missachten einer solchen Quelle eine herbe Niederlage. Mein Zorn schlägt in Hass um, wenn ich an diejenigen denke, die dafür verantwortlich sind. Nie zuvor war ich auf diese ehrliche und gefühlt angebrachte Weise in dieser Emotion so gefangen wie beim Gedanken an das iranische Regime. Wenn die schlimmsten Beleidigungen meines Wortschatzes plötzlich wie verharmlosende Euphemismen klingen, dann bei der Beschreibung jener, die unschuldige Kinder ermorden, junge Menschen wie Mohsen Shekari, dessen Mutter auf den Straßen Teherans nach seiner Hinrichtung Schmerzensschreie von sich gegeben hat, die das ganze Land niemals vergessen wird, junge Sportler wie Majidreza Rahnavard, der kurz vor seiner Hinrichtung seine Mitmenschen dazu auffordert, an seinem Grab nicht zu trauern, sondern das Leben zu feiern. Oder wenn ich an den exekutierten Seyed Mohammad Hosseini denke, der keine Eltern mehr hatte und zum verlorenen Sohn einer ganzen Nation geworden ist.

Ein weiteres Beispiel ist der junge, kurdische Karatechampion Mohammad Mehdi Karami, dessen Vater ein Leben lang als Straßenverkäufer gearbeitet hatte, um seinem Sohn die Sportlerkarriere zu ermöglichen. Der seinem Vater am Telefon von seiner bevorstehenden Hinrichtung berichtete und ihn bat, seiner Mutter nicht davon zu erzählen. Be Maman nagu – Sag Mama nichts. Drei Worte, die sich für immer in die Geschichte des Landes eingebrannt haben. Seine

Mama weiß es nun. Und wie sie es weiß! Ich sehe die Bilder vor mir, wie sie und ihr Mann am Morgen nach der Hinrichtung ihres Kindes auch am Grab des elternlosen Hosseini Blumen niederlegen und möchte schreien. Ihr Sohn ist tot, dessen Traum es war, eine olympische Medaille um den Hals zu tragen. Stattdessen haben die Mörder im Auftrag des Regimes einen Strick um seinen Hals gelegt und ihn erhängt. Ich höre die Worte eines Mullahs in Qom, der sich im iranischen Staatsfernsehen bei einer Tasse Tee darüber beschwert, dass von ihnen erwartet werde, die Verurteilten nicht hinzurichten, sondern sie zu Haftstrafen zu verurteilen. Mit der Selbstverständlichkeit eines persönlichkeitsgestörten Serienmörders stellt er die Frage in den Raum, wer denn für die Kost und Logis der Inhaftierten aufkommen solle. Geht es euch um Unkosten? Wie viele Kosten hättet ihr Multimilliardäre gespart, wenn ihr abertausende Unschuldige gar nicht erst inhaftiert hättet? Ihr Heuchler, die ihr im Namen des Islam Kinder ermordet, euren Profit jedem Lebewesen überordnet, ihr, die ihr zu Geld beten müsstet und nicht zu Gott. Mein Puls rast, und ich treffe wie Amir in diesem Moment eine Entscheidung zugunsten meiner eigenen Integrität. Ich werde meine Wut zulassen, ich werde sie nicht ersticken, zum Schweigen bringen oder bekämpfen. Ich werde sie nutzen, weil ich es kann. Weil mir die Möglichkeit gegeben wurde, frei zu sprechen, durch meine Arbeit Menschen zu erreichen und weil es in Anbetracht der Massenmorde und Genozide weltweit nicht mehr ohne Zorn geht. Diplomatie und Dialog versagen, wenn man es mit Menschen zu tun hat, die das Erhängen eines unschuldigen Kindes vor sich selbst ohne ein Anzeichen von Reue legitimieren können.

Die Fähigkeit, die eigenen Taten zu reflektieren und zu hinterfragen, ist vielen Menschen nicht vergönnt. Jene, denen das möglich ist, die sich bilden und aufklären wollen, Korrektive zulassen und Kritik vertragen, reflektieren sich oft zu einer Besonnenheit hin, die in ihnen einen der wichtigsten Antriebe und Motoren des Wandels reduziert: WUT.

»Ich hab meine Wut verloren,
sie taucht einfach nicht mehr auf,
ausgerechnet jetzt, wo ich sie am meisten brauch.
Nur ein bisschen Ratlosigkeit
ist alles, was ich fand
und damit nimmt man keine Steine in die Hand«

singt der Musiker Maxim in seinem Lied »Wut«.

Und so, wie er den Verlust der Wut als eine Hinnahme der ungerechten Umstände beschreibt, geht mir erst jetzt auf, wie recht er damit hatte. Wir brauchen dieses urmenschliche Gefühl zurück, dass uns aus der überwältigenden Trauer und lähmenden Verzweiflung hinausschleudert auf die Straße, in den Aktivismus und hin zu den Realitäten dieser Welt, auf der es mehr Menschen schlecht geht als gut. Menschen neigen dazu, erst dann zu handeln, wenn ihnen etwas oder gar alles genommen wurde. Ich selbst reihe mich in den Kreis derer ein, die ein persönliches Erlebnis brauchten, um mit einem Schlag die Freiheitskämpfer:innen und Aktivist:innen aller Menschenrechtsbewegungen nicht nur inhaltlich zu verstehen, sondern endlich auch emotional begreifen zu können.

Es gibt Gründe, warum im Iran unter den unterdrückten Minoritäten, in Belutschistan, in den kurdischen Regionen des Landes im Vergleich zu den Großstädten der Widerstand keinen Tag abzuebben scheint. Diese Entschlossenheit ist an einen Zorn gekoppelt, den nur Menschen kennen, die nichts mehr zu verlieren zu haben, und ich möchte mir selbst und der Welt ins Gesicht schreien, dass wir es ihnen schuldig sind aufzustehen. Denn sie kämpfen auch für uns durch ihren Widerstand. Ich bin mir sicher, dass die Zeiten vorbei sind, in denen man das Privileg des Schweigens und Wegsehens aufrechterhalten kann. Diesen Luxus haben wir verspielt, weil wir es übertrieben haben und uns nun die abhandenkommende Menschlichkeit zurückerobern müssen.

Vielleicht liegt der letzte legitime Luxus in der Möglichkeit, unsere Freiheit für Menschen zu nutzen, die das Wort Unterdrückung, das Wort Angst, das Wort Unfreiheit auf ihrem Lotterielos der Geburt stehen hatten. Nichts ist politischer und notwendiger als Liebe und Empathie und die Festlegung eines nicht verhandelbaren menschlichen Grundkonsenses: Es ist nicht zu akzeptieren, dass Menschen Gewalt erfahren und getötet werden, weil sie anderer Meinung sind, weil sie anders denken, weil sie in Freiheit leben wollen – diese rote Linie darf niemals überschritten werden. Für keinen Gott, für keine Überzeugung, für kein Geld der Welt.

Die Jugend im Iran, die Jugend in Afghanistan, Syrien, Eritrea, Irak, Myanmar, der Ukraine, Palästina, dem Jemen, die Geflüchteten an den EU-Außengrenzen, die Familien in undichten Schlauchbooten auf dem Mittelmeer – diese Menschen, die nicht unseren Jackpot gezogen haben, haben nur zwei Optionen und keine Wahl: Entweder jetzt riskieren zu sterben oder ein Leben lang sterben.

Kurz bevor ich schlafen gehe, vibriert mein Telefon. Es ist eine Textnachricht von Amir: که به من گوش دادی ممنون Weil ich gut Farsi spreche, aber schreibe wie eine Erstklässlerin, tippe ich den Satz in eine Übersetzungs-App und lese, ob seiner aufrichtigen Genügsamkeit beschämt:

»Danke, dass du mir zuhörst.«

Machtlos fühlt er sich, in seinem Raum. Wie sie alle.

Sie, die den meinen für immer verändert haben.

SHIRIN EBADI

Shirin Ebadi, geboren 1947, wächst in einer gläubigen muslimischen Familie auf, die ihrer Tochter viele Entwicklungschancen bietet. Mit 23 beendet Ebadi ihr Jurastudium und ist bereits fünf Jahre später Präsidentin am Teheraner Stadtgericht. Als Studentin protestiert sie gegen das Schah-Regime, doch die Errichtung der Islamischen Republik 1979 macht alle Hoffnungen auf einen freiheitlichen Iran zunichte. Shirin Ebadi verliert ihr Amt, da Frauen nun keine Richterinnen mehr sein dürfen. Sie erlebt die Einführung des auf die Scharia gestützten Islamischen Rechts, wogegen sie all ihre Kräfte einsetzt, arbeitet als Menschenrechtsanwältin, engagiert sich für Kinder, Frauen und politische Gefangene. 2003 erhält sie den Friedensnobelpreis und gründet zur gleichen Zeit mit Nasrin Sotoudeh (siehe S. 124) das Zentrum zum Schutz der Menschenrechte (DHRC). Es folgen Überwachung, Schikanen, Morddrohungen und Einzelhaft. 2008 wird das Zentrum geschlossen, 2009 emigriert Shirin Ebadi nach London, wo sie ihren Kampf gegen das Mullah-Regime weiterführt.

Wenn sich heute tausende Demonstranten in ganz Europa immer wieder versammeln, um für die Frauen im Iran zu demonstrieren, was fühlen Sie dann?
Ich spüre, dass das iranische Volk vereint hinter den Forderungen nach dem Ende dieses Staatssystems und der Verwirklichung von Gerechtigkeitsprinzipien steht. Die meisten Gewalttaten und Morde im Iran sind von der iranischen Revolutionsgarde, der Armee der Wächter der Islamischen Revolution (IRGC) verübt worden. Und aus diesem Grund fordert das iranische Volk von der Europäischen Union die Aufnahme der IRGC in die Liste der Terrororganisationen.

Gemäß der Verfassung ist es die Pflicht der Revolutionsgarde, die Islamische Revolution zu schützen. Auch deshalb heißt es »Wächter der Islamischen Revolution«. Diese Armee unterscheidet sich von der regulären Armee, deren Pflicht es ist, die Sicherheit der Landesgrenzen zu gewährleisten. Wenn Iran von einem anderen Staat angegriffen wird, muss die reguläre Armee das Land verteidigen. Wenn sich etwas ereignet, das die Islamische Revolution beeinträchtigt, ist es das IRGC, das angreift. Zum IRGC gehören Luft-, Land-, und Seestreitkräfte sowie verschiedene Einheiten und Unterteilungen, u.a. Basij (Freiwilligenmiliz) und das Quds-Korps, die Einheit für Auslandseinsätze. Im Gegensatz zur regulären Armee verfügt das IRGC über viel mehr Macht und ein größeres Haushaltbudget. Die Befugnisse und Möglichkeiten des IRGC übersteigen bei weitem die der regulären Armee. Und weil es die Pflicht des IRGC ist, die Islamische Revolution zu schützen, und da ihre Mitglieder selbst ausgiebig von der Islamischen Revolution profitieren, sehr hohe Gehälter bekommen und Privilegien genießen, tritt bei jedem Protest die Revolutionsgarde auf, unterdrückt und tötet Menschen. Aus diesem Grund verlangt das Volk einstimmig, die Garden als eine Terrorgruppe einzustufen. Seien Sie sicher, wenn die IRGC zur Terrorgruppe erklärt wird, dann wird im Iran und in Jemen, Syrien, Irak und Libanon Ruhe einkehren. Denn in all diesen vier Ländern ist es die IRGC, die eingreift, Kriege und Zerstörungen verursacht.

Sie waren die erste Richterin in der Geschichte des Iran und durften dann aber nicht mehr als Richterin arbeiten. Wie ging es Ihnen?
Ich war sehr traurig. Nicht nur, weil ich meine Arbeit verloren hatte, sondern auch wegen der vielen jungen Frauen, die Jura studierten und den Traum hatten, Richterin zu werden. Dieses Verbot gehörte zu den ersten Angriffen der Islamischen Republik auf die Frauenrechte im Iran.
Wie würden Sie das Leben der iranischen Frau seit nunmehr 44 Jahren beschreiben?
Ich bin Juristin, ich antworte auf die Frage aus der Sicht des Gesetzes. Nach der Revolution wurden viele diskriminierende Gesetze gegen Frauen erlassen, ich erwähne einige davon nun kurz: Ein Mann kann vier Frauen heiraten, wann immer er will, er kann sich von seiner Frau ohne jeden rechtfertigenden Grund scheiden lassen, aber für eine Frau ist es sehr schwierig, sich scheiden zu lassen. Eine verheiratete Frau hat kein Recht, ohne die schriftliche Erlaubnis ihres Mannes ins Ausland zu reisen *(oder einen Reisepass zu beantragen, Anm. d. Red.).* Vor Gericht hat die Aussage eines einzelnen Mannes doppelt so viel Gewicht wie die Aussage einer Frau. Das Leben einer Frau ist halb so viel wert wie das Leben eines Mannes. Wenn zum Beispiel mein Sohn und ich zusammen auf die Straße gingen und von einem Auto angefahren würden, wäre der Schadensersatz, der meinem Sohn zugesprochen würde, doppelt so hoch wie der, den ich bekäme. Wenn Väter, Großväter und Urgroßväter ihre Kinder töten, sind sie vor der Todesstrafe geschützt. Das Gericht darf sie nur zu einigen Jahren Haft verurteilen, obwohl im Iran die Rechtsfolge für Mord die Todesstrafe ist. Und es gibt noch zahlreiche weitere Diskriminierungen. Der Protest der Frauen gegen diese Diskriminierungen und Jina Mahsa Aminis Ermordung waren schließlich Anlass, dass die Menschen sich lautstark zu Wort meldeten und den Sturz des Regimes forderten.
Warum ist es den Frauen bis jetzt nicht gelungen, ihre Rechte zurückzubekommen?
Mit der revolutionären Bewegung im September 2022 im Iran hat der Islamischen Republik die Stunde geschlagen. Das ist in der Tat eine Revolution. Aber man sollte nicht vergessen, dass eine Revolution ein

Prozess ist. Manchmal geht die Stimme hoch und manchmal runter. Aber es hört nie auf. Eine Revolution ist wie ein Zug. An einigen Bahnhöfen hält der Zug kurz an, fährt aber bald ab. Kein Zug bleibt unterwegs stehen. Endlich erreicht er die letzte Station. Und unsere letzte Station ist der Sturz. Diesem Moment kommen wir Tag für Tag näher.

Wie glücklich sind Sie darüber? Wie geht es Ihnen dabei, wenn Sie das sagen können? Niemand hätte vor einem halben Jahr gedacht, dass so etwas tatsächlich passieren würde. Man hörte doch eher: Ach nein, nie, die bleiben, die gehen nicht weg.

Wer so dachte, kannte den Iran nicht. Der Iran war und ist wie ein Pulverfass, das auf ein Streichholz wartete. Der Mord an einem jungen Mädchen namens Mahsa war das Streichholz. Es hat diese Revolution ausgelöst.

Wie sehr hat das Regime Sie leiden lassen?

Wie alle, die die Menschenrechte verteidigen, habe auch ich viel gelitten. Ich kam unter anderem ins Gefängnis; 2009 überfielen sie meine NGO und das Büro, das ich mit Nobelpreisgeldern gekauft und eingerichtet hatte, beschlagnahmten und verkauften es. Dann beschlagnahmten sie mein ganzes Eigentum. Sogar das Haus meines Vaters. Sie haben alle meine Bankkonten gesperrt, meine Mitarbeiter verhaftet. Und weil ich damals wegen der Teilnahme an einer Konferenz nicht im Iran war, wurden an meiner Stelle meine Schwester und mein Mann festgenommen und kamen eine Zeitlang in Haft. Sie wollten mich damit zum Schweigen bringen. Natürlich schweige ich nicht. Aber ich muss sagen, Menschen wie mich gibt es viele, ich bin nicht die Einzige, die unterdrückt wurde.

Sie haben die Eine-Million-Unterschriften-Kampagne gestartet. Was war damals Ihr Ziel?

Unser Ziel war es, Frauen darüber zu informieren, welche diskriminierenden Gesetze gegen sie erlassen worden sind. Die Aufklärung war sehr nützlich, darüber bin ich froh. Es ist heute auf den Straßen zu sehen. Warum stehen Frauen in der ersten Reihe? Weil sie nun wissen, welche Rechte man ihnen genommen hat. Jetzt fordern sie ihre Rechte ein.

Wie sehr hat der Nobelpreis Ihr Leben verändert?
Der Nobelpreis hat mir weitere Podien verschafft und bewirkt, dass meine Stimme die Weltbevölkerung besser erreicht. Das war nützlich für meine Arbeit. Aber ich habe Ihnen bereits erzählt, was die iranische Regierung mir angetan hat, und das hatte nichts mit dem Nobelpreis zu tun. Das heißt, mit oder ohne den Nobelpreis hätte mir die Regierung dasselbe angetan.
Was wünschen Sie sich jetzt für Iran?
Einen demokratischen und säkularen Staat. Die Präsenz der Menschen auf den Straßen ist ein Mittel zur Erreichung dieses Ziels. IranerInnen im Ausland sollten die Stimmen aus dem Inland weitergeben. Die Fortsetzung der Kämpfe entscheidet über die Zukunft.
Wie wichtig ist diese Stimme im Ausland für die Menschen im Iran?
Sie ist wichtig, weil sie die Menschen im Land ermutigt. Sie wissen, dass IranerInnen im Ausland zwar körperlich außerhalb des Landes sind, mit ihren Gedanken und Herzen aber im Iran. Die IranerInnen im Inland werden dadurch mutiger.

Für eine Opposition im Iran wäre es nicht leicht zu überleben. Seit Beginn der Revolution ist jeder, der auch nur die geringste Änderung wünschte oder Kritik äußerte, entweder getötet oder eingesperrt worden oder mit Katastrophen konfrontiert gewesen, die ihn gezwungen haben, das Land zu verlassen.
Glauben Sie, dass diese Revolution, die im Iran angefangen hat, Auswirkungen auf andere Länder wie Afghanistan, Saudi-Arabien oder Irak hat?
Ein demokratisches und säkulares Staatssystem im Iran würde sicherlich eine große Wirkung auf die vier Länder Jemen, Irak, Syrien und Libanon haben. In der Region könnte wieder Frieden sein. Wenn der Iran demokratisch und säkular wird.
Ich habe auch mit Frauen im Iran gesprochen, aber sie können meine Frage nicht beantworten, weil sie sich darüber nicht äußern dürfen. Wie sind die Bedingungen in Irans Gefängnissen? Können Sie mir mehr in Bezug auf Vergewaltigungen, Belästigungen, Folter erzählen?

Sehen Sie, laut Informationen, die von den Gefangenen selbst nach außen dringen, sind die Zustände in iranischen Gefängnissen im Moment sehr schlecht. Erstens ist die Zahl der Festnahmen sehr hoch. Mindestens 20.000 Menschen sind verhaftet worden, und selbstverständlich sind alle Haftanstalten voll, es gibt nicht genug Platz für alle. In manchen Gefängnissen, wie in der Frauenhaftanstalt Qarchak, gibt es nicht einmal Trinkwasser, das Wasser dort ist nicht trinkbar. Die Gefangenen müssen Wasser kaufen. Wie soll eine junge Studentin, die wegen eines Protests verhaftet worden ist, täglich mindestens zehn Dollar nur für Trinkwasser zahlen? Außerdem gibt es in vielen Gefängnissen, besonders im Winter, Probleme mit dem warmen Wasser. Duschen und baden geht nur kalt. Es gibt nicht genug Toiletten und Waschräume für diese Zahl an Gefangenen.

Die Gefangenen hören auch die Schreie und Protestrufe der Mitgefangenen, die gefoltert werden, denn Geständnisse sind immer das Ergebnis schwerer Folter. Inhaftierten werden zudem ärztliche Behandlungen und Medikamente vorenthalten. Es gibt auch nur sehr wenige medizinische Einrichtungen in Gefängnissen. Geht es jemandem so schlecht, dass er in einem Krankenhaus außerhalb des Gefängnisses behandelt werden muss, wird er rund um die Uhr von einem Beamten bewacht. Einige werden ans Bett gekettet. Bekannt ist zum Beispiel das Foto des Dichters Baktash Abtin. An dem Tag, an dem es ihm so schlecht ging, dass er am nächsten Tag starb, waren seine Füße ans Bett gekettet. So behandelt man einen Schriftsteller. Wie nun werden wohl erst diejenigen behandelt, die keinen bekannten Namen haben, für die sich keiner im Ausland einsetzt, die keiner sieht.

Woher nehmen Sie die Energie in Ihrem Leben?

Energie? Ich glaube an die Umsetzung der Gerechtigkeit. Und auch an Gott. Daher. Ich glaube sowohl an Gott wie auch an Gerechtigkeit. Mein ganzes Leben lang habe ich für Gerechtigkeit gekämpft. Als Richterin, später als Anwältin.

MASIH ALINEJAD

Masih Alinejad, 1976 als Masoumeh Alinejad–Ghomi in der Provinz Mazandaran im Süden des kaspischen Meers geboren, ist eine iranisch-amerikanische Journalistin, Autorin und Frauenrechtlerin. Nach früher Ehe und Scheidung ging sie zunächst nach London, graduierte dort 2007 in Kommunikationswissenschaften und nahm ihre im Iran begonnene journalistische Tätigkeit wieder auf. Seit 2014 lebt Alinejad mit ihrem zweiten Mann in New York, wo sie als Moderatorin, Korrespondentin und Redakteurin für mehrere persisch-sprachige Radio- und Fernsehsender tätig ist. Bekannt wurde sie ab 2014 auch für diverse Social-Media-Kampagnen, die sich gegen die Verschleierung und die Unterdrückung der Frauen im Iran wenden, aber auch zum Protest gegen Untaten des Regimes aufrufen.

Die Erinnerungen an ihr Leben im Iran fasste sie 2018 in dem Buch »Der Wind in meinem Haar« zusammen. Wind im Haar zu spüren bedeutet, wie sie 2022 über den gedrehten Dokumentarfilm »Mit wehenden Haaren gegen die Mullahs« erörtert, für die verschleierten Frauen des Nahen Ostens ein unbändiges Freiheitsgefühl. Masih Alinejad entging nur knapp einem Entführungskomplott des Regimes der Islamischen Republik, das sie über Venezuela in den Iran hätte verschleppen sollen, sowie mehrfachen Mordanschlägen.

Eine Frau lebt im Iran in einer Hölle

Ich habe unter dem Regime der Islamischen Republik gelebt, seit ich ein kleines Mädchen war. Als Kind müssen Mädchen ab sieben Jahren das Kopftuch tragen, sonst dürfen sie nicht zur Schule gehen. Als ich klein war, wünschte ich mir, ich wäre ein Junge, denn als Junge hätte ich mehr Freiheit bei der Wahl meiner Kleidung gehabt. Unbedingt wollte ich wie mein Bruder Fahrrad fahren, aber Mädchen dürfen so etwas nicht. Als Frau wird man wie ein Mensch zehnter Klasse behandelt. Es gibt viele Jobs, in denen Männer allein aufgrund ihres Geschlechts bevorzugt werden. Die Mentalität und Politik der Geschlechter-Apartheid sind überall präsent. Frauen werden beständig unterdrückt und dürfen nicht widersprechen. Sie werden täglich aufgrund ihres Geschlechts gedemütigt, und sie leben mit dem Wissen, dass sie ausgepeitscht, gefoltert oder eingesperrt werden können, wenn sie sich dem Regime widersetzen und es wagen, eigene Entscheidungen über ihr Leben zu treffen. Als Frau hast du kein Recht auf Scheidung, auch wenn dein Mann dich für den Rest deines Lebens quält. Frauen haben kein Recht zu reisen – ohne Zustimmung ihres Ehepartners erhalten sie nicht einmal einen Reisepass. Das Erbe, das du bekommst, ist die Hälfte gemessen an dem, was einem Mann zusteht. Frauen haben kein Recht, Sport zu treiben, sie dürfen noch nicht einmal im Stadion ein Fußballspiel schauen. Eine Frau lebt im Iran in einer Hölle. Sie existiert gar nicht.

Kampf gegen das System

Kein Mensch mit Gewissen kann die Perversion und Verdorbenheit dieses Regimes ertragen. Aber es ist äußerst gefährlich, dagegen zu opponieren, weil es das eigene Leben oder das Leben deiner Lieben kosten kann. Das heißt, wenn man Zeuge von Gewalt durch Polizei oder Behörden gegen einen unschuldigen iranischen Bürger wird, muss man die unmögliche Wahl treffen, schweigend zuzusehen, will man nicht das Gleiche oder gar Schlimmeres erleiden.

Ich habe mein ganzes Leben lang gegen dieses System gekämpft. Die sozialen Medien und das Internet haben mir geholfen, meine Botschaft zu verbreiten und die Aufmerksamkeit von Menschen mit Einfluss zu gewinnen, die mich unterstützen.

Tatsächlich habe ich den Kampf für Gleichberechtigung bereits sehr früh begonnen. Als ausschließlich die Mädchen in meiner Familie das Geschirr spülen mussten, ließ ich meinen Bruder das Geschirr spülen. Meine religiöse Familie forderte ich auf, mich nicht zu zwingen, die obligatorischen Hijab-Regeln zu befolgen. Als ich vor der offiziellen Eheschließung eine Beziehung mit meinem Freund hatte, kam das der Übertretung einer roten Linie gleich. Und als ich als Reporterin die irreführende Politik der Regierung sowohl in Zeitungen als auch im Parlament anprangerte, wurde ich dafür gefeuert.

Kampagnen zivilen Ungehorsams

Seit meiner Kindheit bin ich dem Regime ein Dorn im Auge. Ich wurde als Teenager wegen meines Aktivismus verhaftet. 2014 *(bereits von den USA aus, Anm. der Red.)* startete ich die Facebook-Kampagne »My Stealthy Freedom« gegen den obligatorischen Hijab, die zur größten Kampagne zivilen Ungehorsams für die Rechte der Frau in der Geschichte der Islamischen Republik geworden ist. Seitdem habe ich meine Arbeit als Journalistin und meine Aktivitäten zusammen mit anderen mutigen Frauen und Männern fortsetzen können. Dies, aber auch der konkrete Versuch, mich in den Iran zu verschleppen, führten zur Verabschiedung des »Masih Alinejad HUNT Act« durch den US-Kongress im Dezember 2021: Regierungsvertreter des Iran, die für die fortschreitende Unterdrückung fundamentaler Menschenrechte verantwortlich sind, aber auch Nicht-IranerInnen, die im Auftrag dieses Regimes handeln und im Ausland lebenden Oppositionellen nachstellen, werden seitdem mit Sanktionen belegt. Zudem wurde der Iran aus dem UN-Gremium für Frauenrechte ausgeschlossen. Weil die iranische Regierung Frauen nicht erlaubt, Sportstadien zu betreten, ihren Athleten nicht gestattet, sich mit Israel zu messen und dagegen protestierende Sportler wie der Ringer Navid Afkari inhaftiert und sogar hinrichtet wurden, startete ich die Kampagne »United for Navid«. Sie forderte das Internationale Olympische Komitee auf, der Islamischen Republik die Teilnahme an allen internationalen Wettbewerben zu verbieten. Die Kampagne »Meine Kamera, meine Waffe« habe ich ins Leben gerufen, damit die Menschen die unmenschliche und diskriminierende Behandlung von Bürgern durch die Regierung mit ihren Kameras aufzeichnen und in den sozialen Medien teilen können. Und bei »Weißer Mittwoch« habe ich iranische Frauen eingeladen, jeden Mittwoch ihren obligatorischen Hijab abzulegen und ihr Video in den sozialen Medien zu teilen. Mit der »Vote-no-vote« Kampagne forderte ich die Menschen 2020 auf, sich nicht an den Scheinwahlen der Regierung zu beteiligen, die nur dazu bestimmt waren, die Welt zu täuschen. »Mütter für Gerechtigkeit« vereinte Mütter, deren Kinder von der Regierung getötet wurden. Sie wurde zu einem großen Problem für die iranische Regierung. Außerdem habe ich eine Kampagne gestartet, die Menschen aufforderte, ihre eigenen Lebensgeschichten zu erzählen, von ihren Leiden und Herausforderungen zu berichten, insbesondere die Communities von Menschen mit Behinderungen und LGBTQ.

Die Regierung hat Angst vor Frauen

Ich hoffe, dass ich Minderheiten und iranischen Frauen Hoffnung auf eine bessere Zukunft geben kann. Frauen im Iran haben keine Social-Media-Plattform, und jeder Protest wird mit Gefängnis, Folter und sogar Hinrichtung beantwortet. Ich teile ihre Geschichten und bringe Licht in das, was mit ihnen und ihren Familien passiert. Ich bin wie ein Spiegel, der die Stimme iranischer Frauen in die Welt trägt. Wenn eine frauenfeindliche Regierung Frauen systematisch alle Rechte abspricht, ihnen ihre Chancen nimmt und ihr Selbstvertrauen zerstört, versuche ich, ihnen eine Stimme zu geben. Ich möchte jungen Mädchen Selbstvertrauen geben und ihnen sagen, dass jede von ihnen eine Führungspersönlichkeit ist. Deshalb habe ich mehr als zehn Millionen Follower auf meinen Social-Media-Seiten, von denen die meisten iranische Mädchen und Frauen sind. Ich erinnere sie daran, dass die Regierung vor allen Dingen Angst vor uns Frauen hat. Also sind wir der mächtigste Feind dieser Regierung. Deshalb sollten wir an uns glauben und auf uns stolz sein.

Wir werden weiterkämpfen, bis es kein Regime der Islamischen Republik mehr gibt

Wir alle beschäftigen uns seit 44 Jahren mit diesem System, das uns nur Diskriminierung, Ungleichheit, Kinderheirat, Unterdrückung der Meinungsfreiheit, Folter, erzwungene Geständnisse, Korruption sowie die Zerstörung von Umwelt und natürlichen Ressourcen gebracht hat. So sieht das Ergebnis einer islamischen Theokratie aus. Der Großteil der iranischen Bevölkerung hat erkannt, dass Menschen außerhalb des Iran in einer Welt leben, in der sie über Kontinente reisen, Elektroautos fahren, jemanden gleichen Geschlechts heiraten und jederzeit sein können, wer und was immer sie wollen. Die IranerInnen haben genug davon, vorgeschrieben zu bekommen, was sie tun und wie sie denken sollen. Kommunikationstechnologien und soziale Medien haben Türen geöffnet, die vorher nicht offen waren. Sie haben den im Iran lebenden IranerInnen eine Freiheit gezeigt, die jenseits der Grenzen ihres Landes existiert. Die IranerInnen wollen zu Recht, das gleiche »normale« Leben wie der Rest der Welt führen. Sie sind nun fest entschlossen, dieses Regime zugunsten einer repräsentativen, fairen Regierung zu beseitigen. Wir haben es in der Vergangenheit, etwa während der Revolution von 1979, versäumt, das System in ein besseres zu verwandeln. Aber wir haben durch vergangene Fehlschläge gelernt, wie dieses Regime funktioniert. Mehrfach hat es bewiesen, dass es keine Gnade oder Toleranz gegenüber seiner Opposition kennt. Daher gibt es dieses Mal keine Kompromisse. Wir werden weiterkämpfen, bis es kein Regime der Islamischen Republik mehr gibt.

Ich habe gelernt, Angst zu bekämpfen und zu besiegen

1994 wurde ich verhaftet, weil ich regierungskritische Flugblätter im Iran produziert hatte. Im Juli 2021 vereitelte das US-Justizministerium ein Entführungskomplott des iranischen Geheimdienstes gegen mich. Auch meine Familie wurde schikaniert und verhaftet. Wir im Exil lebenden IranerInnen müssen sehr wachsam sein, denn wir wissen nie, wer uns etwas Böses wünscht.

Ich habe gelernt, Angst zu bekämpfen und zu besiegen. Das Regime der Islamischen Republik hat seine Waffen und Spione überall, und es hat seine Gegner auch schon außerhalb des Iran ermordet. Ich habe keinen Platz für Angst. Ich konzentriere mich auf diesen Kampf. Das Regime der Islamischen Republik ist wie ein Monster der Dunkelheit. Als ich klein war, hat mir meine Mutter immer gesagt, dass die Dunkelheit ein Monster ist, ein formloser schwarzer Dämon, der sich von deiner Angst ernährt. Wenn du davor Angst hast, wird der Schatten größer; er wird dich einhüllen und dich ganz verschlingen. Sie sagte mir, ich solle deshalb niemals Angst vor der Dunkelheit haben, sondern sie anstarren, bis die Schatten verschwinden. Die Gefahr, dass mir das iranische Regime das Leben nimmt, besteht für mich jederzeit. Also lebe ich unter der Aufsicht des FBI. Ich bin bereit, jederzeit zu sterben. Das bedeutet, dass ich jeden Moment mit ganzem Herzen lebe. Also bin ich frei. Deshalb singe und tanze ich aus ganzem Herzen, leichtflügelig wie ein Vogel. Ich habe keine Angst vor dem Tod, denn für einen liebenden und freien Menschen gibt es keinen Tod.

Ich muss vorsichtig sein mit dem, was ich sage, und mein Publikum immer im Auge behalten. Darunter können auch Spione sein, obwohl sie scheinbar dieselbe Ideologie vertreten wie ich. Es dauert einige Zeit, bis man das herausfindet, aber man gewöhnt sich auch daran. Das Regime möchte mich und diese Revolution mit seiner Propaganda verleumden, aber die IranerInnen lassen sich von Versuchen, mich zum Schweigen zu bringen, nicht täuschen. Deshalb habe ich mich von all dem befreit.

Freiheit ist nicht kompliziert, sie ist einfach

Freiheit ist eine Lebensweise, in der mir niemand vorschreibt, was ich denken darf und glauben soll. Sie beinhaltet für mich ein säkulares Regierungssystem, in dem der Wille des Volks respektiert wird und die Theokratie nicht an der Entscheidungsfindung beteiligt ist. Freiheit ist nicht kompliziert, sie ist einfach. Doch die Definition von Freiheit kann unterschiedlich sein. Im Westen bedeutet Freiheit, sich die Kleidung auszusuchen, die man tragen möchte, zu essen, was man mag, zu tanzen, wo man will und Würde zu haben. Niemand zwingt einen, etwas zu tun, was man nicht will. Hier werden Mädchen im Teenageralter nicht für ein paar hervorlugende Haarsträhnen getötet; wenige fossile Mullahs können nicht Millionen von Menschen als Geiseln nehmen. Menschen werden nicht gehängt, weil sie ihre Regierung kritisieren. Sie werden nicht ausgepeitscht, weil sie im Ramadan nicht gefastet haben. Und überall wachsen Jungen und Mädchen von Kindesbeinen an zusammen auf. Deshalb können Menschen im Iran erst dann in Frieden und in Freiheit leben, wenn das Regime der Islamischen Republik gestürzt wurde, Religion und Regierung voneinander getrennt sind und eine neue Verfassung geschrieben wird, die nicht auf der Scharia basiert.

Diese Revolution ist ein Beispiel dafür, was Menschen gemeinsam erreichen können

Im Iran ist unter den Menschen eine große Sympathie entstanden, und die Menschen sind vereint. Wir sollten den gleichen Weg weitergehen und empathisch und vereint sein. So sind wir in der Lage, den Führern und insbesondere den Menschen der Welt die wahre Botschaft des iranischen Volkes zu übermitteln, das im Herzen des Nahen Ostens eine säkulare demokratische Regierung will, in Frieden und Freundschaft mit der ganzen Welt leben möchte und zum Ziel hat, ein angesehenes Land in der Weltgemeinschaft zu werden.

Diese Revolution ist ein Beispiel dafür, was Menschen gemeinsam erreichen können. Ich hoffe, sie dient als Motivation und Hoffnung für die Opposition in den Nachbarländern, die ebenfalls von der islamischen Theokratie infiziert sind.

Die Frage ist nicht, ob das Regime gestürzt werden kann, sondern wann

Aber dies ist ein Marathon, kein Sprint, und er wird Zeit brauchen. Die internationale Gemeinschaft wacht endlich auf und erkennt Korruption und Gewalt. Seit dem 16. September 2022 wurden über 19.000 Menschen festgenommen und über 500 unschuldige Zivilisten ermordet. Mehr als 70 Opfer waren Kinder unter 18 Jahren. Das Regime hat jeglichen Respekt verloren. Die Frage ist nicht, ob das Regime gestürzt werden kann, sondern wann. In den letzten vierundvierzig Jahren wurde jeder Protest in kurzer Zeit erstickt. Es ist das erste Mal, dass er länger als vier Monate andauert – obwohl die Regierung alle ihre Karten Im Einsatz hat: Gefängnis, Kugeln, Folter, Vergewaltigung, Propaganda und die Hinrichtung der Opposition. Nichts davon hat die Menschen abgehalten. Die Islamische Republik wird ohne Zweifel verschwinden. Die Welt muss bereit sein, mit einem neuen System und einer Demokratie im Nahen Osten zu interagieren. Daher ist es besser, mit dieser Interaktion schon jetzt zu beginnen und den Menschen im Iran beim Aufbau ihrer Demokratie zu helfen.

Wir erwarten von den westlichen Regierungen nicht, dass sie die Menschen im Iran retten, aber dass sie aufhören, deren Mörder zu finanzieren

In der Vergangenheit haben ausländische Regierungen im Umgang mit dem Regime gravierende Fehler gemacht. Sie haben diesem System Glaubwürdigkeit verliehen und es mit finanziellen Ressourcen ausgestattet, indem sie Geschäfte unter dem Deckmantel der Diplomatie gemacht haben. Die Opposition wurde ignoriert. Doch die finanziellen Mittel, die dieses Regime erhielt, flossen in die Finanzierung terroristischer Gruppen im Nahen Osten wie Hamas oder Hisbollah. Oder die Gelder wurden vom Iran benutzt, um die Menschen weiterhin zu unterdrücken. Jahrelang öffneten die Länder des Westens darüber hinaus ihre Grenzen für die Familien iranischer Regierungsbeamter und erlaubten ihnen auch, dort einen ständigen Wohnsitz zu nehmen. Tausende von Terroristen betraten auf diese Weise das Territorium europäischer Länder, Kanadas und Amerikas. Diese Familien wurden später auch zu den größten, mit gewaltigem Kapital ausgestatteten Lobbyisten der iranischen Regierung, die den extremen Islamismus und Radikalismus im Westen anheizten.

Wir erwarten von den westlichen Regierungen nicht, dass sie die Menschen im Iran retten, aber dass sie aufhören, deren Mörder zu finanzieren. Wie? Durch die Schließung ihrer Botschaften in Teheran und die Einstufung der Revolutionsgarden als terroristische Gruppierung. Warum gerade die Revolutionsgarden? Sie haben nicht nur Tausende von Mitgliedern, sie halten auch die Schlüssel zu den Finanzen des Iran in der Hand. Der Import von Medikamenten, Lebensmitteln, militärischer Ausrüstung usw. untersteht ihrer Kontrolle. Sobald sie auf der Terroristenliste stehen, werden ihre Einkommensquellen beschnitten und ihre Ressourcen begrenzt. Außerdem wollen wir, dass die Kinder von Regierungsbeamten des Regimes aus dem Westen ausgewiesen werden. Es ist absurd, dass sie, während ihre Eltern oder Familienmitglieder Menschen im Iran aktiv unterdrücken, ohne jegliche Konsequenzen frei im Westen leben dürfen.

Lasst uns ein Land gründen, in dem die zukünftigen Generationen ihr Leben mit einem Lächeln im Gesicht leben

Was mir Kraft gibt, ist mein Volk, sind die IranerInnen. Vor allem die jüngere Generation. Sie sind voller Leidenschaft und Mut und riskieren alles für die Freiheit. Unsere Einheit als Volk gibt mir Hoffnung für die Zukunft. Alles, was wir jetzt schon haben, war einst ein Traum. Mein Traum ist der von einem schönen und freien Land, in dem Menschen nicht mehr leiden und der Kreislauf von Leiden und Unterdrückung endlich enden wird. Lasst uns ein Land gründen, in dem die zukünftigen Generationen wohlhabend sind und ihr Leben mit einem Lächeln im Gesicht leben. Ich lebe mit diesen Träumen und ich zweifle nicht daran, dass sie alle wahr werden. Auch wenn ich diesen Tag vielleicht nicht mehr erlebe.

Die IranerInnen haben genug davon, vorgeschrieben zu bekommen, was sie tun und wie sie denken sollen.

NARGES MOHAMMADI

Geboren 1972 im Nordwesten des Iran, studierte Narges Mohammadi zunächst Physik und wurde Ingenieurin, veröffentlichte aber bereits während ihrer Zeit an der Universität erste Texte zum Thema Frauenrechte. Später arbeitete sie als Journalistin für verschiedene reformorientierte Zeitungen und veröffentlichte ein Buch mit politischen Essays über die zur Durchsetzung von Reformen nötigen Strategien. 2003 schloss sie sich dem von Nobelpreisträgerin Shirin Ebadi (siehe S. 86) geleiteten Zentrum für Menschenrechte an, dessen Vizepräsidentin sie später wurde. Bereits 1998 wurde Narges Mohammadi wegen ihrer Kritik an der iranischen Regierung eingesperrt und verbrachte ein Jahr im Gefängnis. Ab 2010 folgte eine Reihe weiterer, langjähriger Haftstrafen – wegen ihrer Mitgliedschaft im Zentrum für Menschenrechte, Propaganda gegen das Regime, angeblicher Gefährdung der nationalen Sicherheit und Umsturzversuchen. Immer wieder wurde sie, zum Teil auch dank internationaler Interventionen, freigelassen, aber stets wenige Monate später erneut eingesperrt. Auch jetzt, während des Verfassens dieser Texte, ist Narges Mohammadi im Evin-Gefängnis inhaftiert. Dieser Text wurde für das Buch aus dem Gefängnis geschmuggelt.

Allgemein wird die traditionelle und vormoderne Ära als pflichtbasiertes Paradigma, die moderne Ära dagegen als rechtbasiertes Paradigma bezeichnet.

In der Vergangenheit hatte »im Recht sein« (im Sinne von gerecht und richtig sein) über das »Recht haben« (im Sinne eines Anspruchs auf bestimmte Rechte) die Oberhand gewonnen und lieferte die Grundlage für die Verletzung von Menschenrechten. Aber Diskussionen und Debatten über den Begriff »Recht« haben an Raum gewonnen und die Lage verändert. Anstelle von im Zweifelsfall mit Gewalt durchgesetzten Dogmen, die die Menschen zur »reinen Wahrheit« führen sollten, wird nun über Möglichkeiten diskutiert, wie jeder Mensch durch Toleranz und Frieden von der Wahrheit profitieren kann.

Menschenrechte und die bürgerliche Gleichheit

Nach den tödlichen und schrecklichen Weltkriegen einigten sich die Mitgliedstaaten der Vereinten Nationen auf die »Allgemeine Erklärung der Menschenrechte« und verpflichteten sich auch zu deren Umsetzung. Doch in den Jahren, die seit der Verabschiedung dieser Erklärung 1948 vergangen sind, haben unzählige Menschen im Versuch, ihre Regierungen zur Einhaltung dieser Bestimmungen zu verpflichten, ihre Rechte verloren und werden sie weiter verlieren.

Was mir trotz aller Unterdrückung und trotz meiner Inhaftierung Beharrlichkeit verleiht und Hoffnung gibt, sind die vielen Verteidiger der Menschenrechte, die unter schwierigsten Bedingungen und der Androhung von Gefangenschaft und Folter auf der ganzen Welt an Möglichkeiten arbeiten, diese fundamentalen Rechte durchzusetzen. Sie sind sich aller Gefahren bewusst.

Noch hoffnungsversprechender ist, dass sich in verschiedensten Teilen der Welt soziale Bewegungen als mächtige Schlüsselkräfte gesellschaftlicher Veränderungen gebildet haben. Sie sind auch im Bereich der Menschenrechte aktiv und üben Einfluss auf das politische, kulturelle, gesellschaftliche Leben in ihren Ländern aus. So werden die herrschenden Klassen in vielen Ländern durch den Volkswillen gezwungen, sich zu verändern und zurückzuziehen.

Soziale Bewegungen und Staatsstruktur im Iran

Der Versuch, die Idee der Menschenrechte im Iran mittels kollektiver Aktionen durchzusetzen, reicht – zeitlich gesehen – noch nicht weit zurück. Obwohl das Zentrum für Menschenrechte bereits vor der Revolution von 1979 gegründet wurde, begann der Versuch, aus ihm eine weiterreichende Bewegung zu schmieden, erst vor zwei Jahrzehnten.

Die Proklamation eines religiösen Staatssystems und das Prinzip der absoluten Welāyat-e Faqih, der repressiven »Statthalterschaft des Rechtsgelehrten«, hat der Islamischen Republik den Weg dafür geebnet, ihr System als heilig zu erklären und ein Monopol auf das Erkennen von absoluter Wahrheit zu beanspruchen. Auf dieser Grundlage hat der Staat Bürgerrechte, Menschenrechte und insbesondere auch Frauenrechte interpretiert – oder, besser gesagt, eingeschränkt.

In Anbetracht der jüngsten Ereignisse scheint es erforderlich, kurz auf den Hijab einzugehen, dessen Tragen im März 1979 für Frauen verpflichtend eingeführt wurde, und der für eine generell frauenfeindliche Politik steht. Frauen sollten aus der Gesellschaft und vom Arbeitsmarkt ferngehalten und insbesondere aus jenen wichtigen und tonangebenden Stellen entfernt werden, die sie aufgrund ihrer Eignung und Qualifikation damals bereits erreicht hatten. Die destruktiven und unmittelbaren Auswirkungen der Rechtsinterpretationen durch die religiöse Regierung lagen in einer massiven Beeinträchtigung des Rechts auf freie Meinungsäußerung und Einschränkungen der Freiheit des Denkens und Glaubens; eine weitere Folge war die verbreitete Unterdrückung, Inhaftierung, Folterung und Hinrichtung von Oppositionellen.

Tatsächlich hat die Islamische Republik in den Jahren seit ihrer Gründung und Etablierung versucht, ihre Ideologie gesellschaftsfähig zu machen. Ihren gewaltigen und kostspieligen Propagandaapparat setzte sie ein, um sich in alle Aspekte des privaten und sozialen Lebens einzumischen, die Zivilgesellschaft zu bedrohen, Menschen ihrer Menschenrechte zu berauben und ihnen Repressionen aufzuerlegen. So haben sie das »Recht« sinnlos und bedeutungslos gemacht, und stattdessen dem Volk die »Pflicht« aufgebürdet. So steht die Islamische Republik mit jenen Regierungen und Staaten in einer Reihe, die eine Politik massiver Repression und Isolation betreiben.

Zivilgesellschaft, bürgerliche Gleichberechtigung und Menschenrechte

Einhergehend mit den repressiven Maßnahmen dieser autoritären, religiösen Regierung begannen die IranerInnen, auf verschiedene Weise Widerstand zu leisten, ihre Forderungen laut vorzubringen und gegen die Maßnahmen des Staates zu protestieren. Konfrontationen und Auseinandersetzungen haben sie nie gescheut: Schon in den 1980er-Jahren zeigten sie sich in den Gefängnissen der Regierung unbeugsam; sie leisteten Widerstand gegen die Unterdrückung politischer Bewegungen und gegen die Durchsetzung einer einachsigen und einstimmigen Regierungspolitik oder sie protestierten gegen die Verletzung der Rechte der Menschen.

Sich auf die Etablierung sozialer Bewegungen als Erweiterung der Konfliktstrategie zu konzentrieren, war in den letzten zwei Jahrzehnten das Ziel vieler gesellschaftspolitischer und zivilgesellschaftlicher Aktivisten und Aktivistinnen im Iran, mit bedeutsamen Erfolgen. Denn seit mittlerweile 20 Jahren ist die Stärkung der Zivilgesellschaft und die Bildung unabhängiger ziviler Institutionen eine der wirksamsten Strategien, um die Verwirklichung einer Demokratie und die Machtübertragung an das Volk voranzubringen. In den frühen 2000er-Jahren, als auf Reformen hingearbeitet wurde, nahm die Zahl der Volksinstitutionen in verschiedenen Bereichen zu – seien es solche der Frauen, Arbeitnehmer,

Lehrer, des Umweltschutzes oder der Menschenrechte. Dem Zentrum der Menschenrechte allerdings, dessen Mitglied ich im Aufsichtsrat bin, wurde trotz Vorlage eines Statuts und einer Charta schon damals keine Erlaubnis erteilt, aktiv zu sein. *(Im Jahr 2002 gründeten die Anwältin Shirin Ebadi und weitere Jurist:innen das »Zentrum für die Verteidigung der Menschenrechte« im Iran. Ziel war es, sich für die Rechte von Minderheiten einzusetzen und Regimekritiker:innen juristisch zu unterstützen. Im August 2006 wurde das Zentrum vom iranischen Innenministerium als illegale Organisation eingestuft und im Dezember 2008 geschlossen. Neben weiteren Mitarbeiter:innen wurde Narges Mohammadi festgenommen, Anm. d. Red.)*

Während der Präsidentschaftszeit von Mahmud Ahmadinedschad *(2005 bis 2013, Anm. d. Red.)* wurde das Büro dieses Verbandes im Zuge der Repressionen versiegelt, seine Mitglieder wurden inhaftiert und zu langen Haftstrafen verurteilt.

In der darauffolgenden Zeit waren viele zivile Institutionen, vor allem jene, die von Frauen, Studenten, Arbeitern oder Lehrern eingerichtet worden waren, Ziel des Repressionsapparats. Dennoch setzten die Aktivisten nach Haftentlassung ihre Arbeit in verschiedenen Formen fort. So wurden beispielsweise 2021 in Kurdistan, trotz der Versiegelung des Büros der Lehrergewerkschaft, Wahlen zum Gewerkschaftsrat abgehalten – auf offener Straße, weil ein Büro oder andere Räumlichkeiten nicht mehr zur Verfügung standen. Die Vertreter dieser Lehrergewerkschaft wurden gewählt, später jedoch festgenommen und inhaftiert.

Dass es gelungen ist, die Arbeit in den zivilen Institutionen fortzusetzen, auch unter Androhung von Repressionen und Inhaftierungen, ist ein Beleg für die Macht der iranischen Gesellschaft, die immer wieder mit großer Ausdauer Kräfte gegen die Regierung mobilisiert, diese herausfordert und Protestkampagnen veranstaltet.

Tatsächlich hat die Weiterentwicklung solcher Strategien zu einer Zunahme kritischer und oppositioneller Kräfte auf verschiedenen Ebenen geführt. Hinzu kommt, dass dadurch die Aufmerksamkeit selbst der unteren Gesellschaftsschichten gewonnen werden konnte. Und obwohl diese Institutionen massiven Repressionen unterworfen waren, ist es ihnen gelungen, der Öffentlichkeit eine freie und offene Zukunft in Aussicht zu stellen, was wiederum die Menschen noch stärker motiviert hat.

Menschenrechtsinstitutionen und Schaffung einer gesellschaftspolitischen Bewegung

Zwischen 2003 und 2009 unternahm das Zentrum für Menschenrechte Schritte, um sozialpolitische Bewegungen mit politischen, gesellschaftlichen, gewerkschaftlichen und zivilgesellschaftlichen Aktivisten zu solidarisieren. Dies stellte die Regierung vor ernsthafte Herausforderungen. Beispielsweise gelang es, Komitees zu bilden, um Kriterien für freie und sichere Wahlen zu erarbeiten, und eine Protestbewegung gegen die von der Regierung abgehaltenen Wahlen zu formieren. Die Bildung des Nationalen Friedensrates im Jahr 2007 und die breite Koalition von Kräften, Aktivisten und verschiedenen, teils sogar gegensätzlich orientierten politisch-zivilen Institutionen und Organisationen zeigten strategische Möglichkeiten auf, wie grundlegende Veränderungen herbeigeführt werden könnten. *(Narges Mohammadi wurde 2008 Präsidentin des Exekutivausschusses des Nationalen Friedensrates im Iran, Anm. d. Red.)*

Den Kampagnen gegen psychische Foltermethoden und Einzelhaft im Jahr 2020 zählen zu den umfassenden Aktivitäten, denen sich jeder, der aus politisch-ideologischen Gründen schon einmal eine Einzelhaft erlebt hatte, angeschlossen hat. In diesem Zusammenhang wurden auch ein Dokumentarfilm und zwei Bücher veröffentlicht, um auf die schon so lang andauernden Menschenrechtsverletzungen aufmerksam zu machen. Enthüllungen über die unmenschlichen Dimensionen dieser Folter setzten die autoritäre Herrschaft der Islamischen Republik dem Druck der öffentlichen Meinung und der Medien aus.

Eine der herausforderndsten Kampagnen aber war jene zur Abschaffung der Todesstrafe. Trotz der Unterdrückung ihrer Mitglieder (ich selbst bin zu zehn Jahren Gefängnis verurteilt worden) haben sich die Medien sowie intellektuelle und politische Strömungen mit der Möglichkeit beschäftigt, Hinrichtungen zu verhindern oder ganz abzuschaffen und so eine Zukunft ohne Todesstrafen in Aussicht gestellt.

Die Art und Weise, wie sich zivile Institutionen und Volksorganisationen bilden und wie sie arbeiten, zeigen einen politischen Prozess auf, in dem versucht wird, auf unterschiedliche Weise Forderungen zu stellen und Veränderungen in der Gesellschaft herbeizuführen. Die Verbreitung dieser Forderungen in den Medien machte es der Regierung unmöglich, diese zu ignorieren. Reagierte sie dennoch nicht, wurden Protestzyklen in die Wege geleitet. Nachdem Fraueninstitutionen und -aktivistinnen etwa ihre Forderungen nach einer Gleichstellung der Geschlechter, der Abschaffung von Gewalt gegen Frauen und geschlechtsspezifischer Diskriminierung proklamierten, setzte die Regierung zunächst, ohne das geringste Einlenken, ihre Politik der Repression und Konfrontation fort. Doch nun forderten die Frauen die Regierung noch intensiver zum Umdenken auf, indem sie Protestkampagnen ins Leben riefen oder Versammlungen in Universitäten, Vereinen und auf offener Straße abhielten, wie wir sie gegenwärtig immer häufiger und umfassender beobachten.

Eine der wirksamsten Strategien ziviler Institutionen besteht darin, durch die mediale Verbreitung ihrer Anliegen national und international Aufmerksamkeit zu erlangen, so den Kontakt zu anderen, weltweit agierenden Institutionen herzustellen und deren Unterstützung zu gewinnen. Auf diesem Weg haben Lehrergewerkschaften, Arbeitervereinigungen, Frauenverbände und Menschenrechtsinstitutionen ihre Forderungen und ihren Widerstand gegen die Regierung öffentlich gemacht, großangelegte Protestaktionen organisiert, und somit eine beachtliche Reichweite in der öffentlichen Meinung erreicht, die die Regierung unter Druck gesetzt hat.

Axiale Änderung; Merkmale sozialer Bewegungen im Iran

Die Bemühungen des Volkes, in den letzten 44 Jahren grundlegende Veränderungen und Umwälzungen auf friedlichem Wege zu bewirken, haben aufgrund des autoritären Charakters der Regierung nicht das gewünschte Ergebnis erzielt. Das hat die Menschen wütend gemacht und zu stärkeren Protesten veranlasst. Hinzu kommt, dass die Regierung als eine autoritäre Theokratie gegen die Allgemeine Erklärung der Menschenrechte handelt.

Menschenrechte als eine gemeinsame Idee

Die Einführung der Menschenrechte wird gewährleistet durch das Vorhandensein mächtiger, unabhängiger Volksinstitutionen, die für diese Rechte einstehen. Eine internationale Überwachung und entschlossenes Handeln sollten mächtige und unabhängige Volksinstitutionen im Land befähigen, Menschenrechte auf verschiedenen Ebenen durchzusetzen und zu institutionalisieren. Auf diese Weise werden sie auch in allen gesellschaftlichen und kulturellen Bereichen verankert. Die »Macht« und die »Vielfalt« der Volksinstitutionen im Zusammenhang mit Menschenrechten sind die wirksamsten Variablen für die Durchsetzung der Menschenrechte im Iran, und, meiner Meinung nach, auch in anderen Ländern mit nichtdemokratischen Staatssystemen. Daher sollte solchen Institutionen durch internationale Menschenrechtsorganisationen, vor allem aber durch die Vereinten Nationen, eine besondere Bedeutung beigemessen werden.

Internationale Institutionen zur Überwachung der Menschenrechte, einschließlich der UN-Beobachter oder der UN-Sonderbeauftragten für Länder wie den Iran, haben Wichtiges und Lobenswertes geleistet. Weitere Menschenrechtsinstitutionen wie Human Rights Watch, Frontline und die Menschenrechtsüberwachungskommissionen der EU und des Europäischen Parlaments spielten eine bedeutende Rolle bei der Beobachtung der Menschenrechtsverletzungen durch die Regierung der Islamischen Republik; sie haben die unter Repression und Unterdrückung stehenden Verteidiger dieser Rechte effektiv unterstützt und viele Leben gerettet. Solche internationalen Prozesse zeigen die Notwendigkeit auch unabhängiger ziviler Menschenrechtsinstitutionen für die Durchsetzung der Menschenrechte. Sie helfen bei der allmählichen Evolution der Gesellschaft.

Menschenrechte: Die einzige Vorgehensweise

Die Idee der Menschenrechte hat, zumindest angesichts der aktuellen Lage – in der sich die iranische Gesellschaft in einem Übergang von der Islamischen Republik zu einer die Menschenrechte wahrenden Demokratie befindet –, das Potenzial, Bewegungen, Gruppen, Institutionen und kollektive Interessen auf einen Nenner zu bringen, dabei aber ihre jeweiligen Identitäten aufrechtzuerhalten.

Sie alle haben in den letzten Jahren, im Einklang mit ihren spezifischen Aktivitäten, ihr Eintreten für die Menschenrechte unter Beweis gestellt. Das Zentrum für Menschenrechte mit seinen vielen Komitees war ein verbindendes Element zwischen diesen Institutionen und Kräften. Es übermittelte die Berichte Inhaftierter, stellte Anwälte bereit, organisierte Proteste gegen die Hinrichtung von Kindern oder kümmerte sich um die Unterstützung für die Familien politisch Inhaftierter.

Bei den jüngsten Protesten und Bewegungen einigten sich alle Strömungen trotz diverser Meinungsverschiedenheiten und politischer Differenzen darauf, die Verletzung der Menschenrechte – von der Verhaftung bis zur Hinrichtung von Demonstranten –, gemeinsam zu bekämpfen. Mit der zunehmenden Bedeutung dieser Protestbewegungen wird, meines Erachtens, die Menschenrechtsfrage noch an Glaubwürdigkeit und Bedeutung gewinnen.

Da ich davon überzeugt bin, dass es den kämpfenden und protestierenden IranerInnen hilft, ihnen einen klaren Horizont aufzuzeigen, sehe ich vielversprechende Voraussetzungen dafür, dass die Einhaltung der Menschenrechte in meinem Land Wirklichkeit wird.

Dass es gelungen ist, die Arbeit in den zivilen Institutionen fortzusetzen, auch unter Androhung von Repressionen und Inhaftierungen, ist ein Beleg für die Macht der iranischen Gesellschaft, die immer wieder mit großer Ausdauer Kräfte gegen die Regierung mobilisiert.

Narges Mohammadi ist im Evin-Gefängnis inhaftiert. Dort ist es ihr nicht erlaubt, Briefe zu schreiben, die nach draußen gehen. Briefe werden von Mitgefangenen, die zum Beispiel auf Hafturlaub entlassen oder im Krankenhaus behandelt werden, rausgeschmuggelt, die Inhaftierten schreiben ihre Botschaften auf Toilettenpapier, das sie sich unter die Achseln klemmen. Dass Narges Mohammadi im Gefängnis sitzt und schreibt »Wir werden weiter auf die Straßen gehen, nicht nachgeben, uns nicht zurückziehen, bis zum Sieg, bis zur Errichtung der Demokratie, der Herstellung von Frieden und Menschenrechten, und bis zur Abschaffung der Tyrannei« ist unfassbar mutig.

Sexuelle Übergriffe auf protestierende Frauen als ein staatliches Druckmittel

Am Dienstag spielten wir im Gefängnishof Volleyball, als eine unserer Mitgefangenen die Meldung brachte, die BBC habe die Umweltschützerin Niloufar Bayani, die Journalistin Sepideh Qalian und mich in die Liste der 100 mutigsten Frauen gewählt.

An diesem Abend war unsere Gefängnisabteilung mit 64 Frauen voller Freude und Glückwünsche, und wir fühlten uns stärker, weil drei weibliche Gefangene auf der Liste der inspirierendsten und einflussreichsten Frauen der Welt standen. Besonders motivierte uns, dass dies exakt zu einer Zeit geschah, in der Frauen weltweit als Protagonistinnen der jüngsten Protestbewegungen im Iran angesehen werden.

An diesem Abend dachte ich, dass Tapferkeit – als eine menschliche Tugend, die Respekt und Lob verdient –, Menschen tatsächlich weiterwachsen lässt. Und wenn unsere Aktivitäten und Kämpfe wahrgenommen und einem weiten Umkreis bekannt werden, haben sie auch größere Auswirkung auf das Leben der Menschen. Sie werden den persönlichen Mut jedes einzelnen weiter bekräftigen, und die Sicherheit der betreffenden Personen in autoritären Ländern wenigstens einigermaßen gewährleisten.

Damit will ich die Wichtigkeit der Medien hervorheben. Ohne sie hätten viele Ereignisse, Bewegungen ebenso wie kämpfende Menschen, trotz aller

Tapferkeit, Furchtlosigkeit und Ambitionen keinen nennenswerten Einfluss auf ihre Umwelt gehabt. All das hätte nur ein begrenztes Spektrum von Menschen erreicht, eine begrenzte Anzahl von Veränderungen bewirkt; vielleicht hätte auch eine noch größere Anzahl von kämpfenden und aktiven Menschen ihr Leben verloren.

Seit Monaten ist mein Land Zeuge eines umfassenden Volksaufstands mit weit verbreiteten Straßenprotesten, die einen friedlichen Übergang von der Islamischen Republik zu einer die Menschenrechte wahrenden Demokratie und einem Ende der Tyrannei anstreben. Doch weil Frauen bei dieser Protestbewegung eine entscheidende Rolle spielen, hat die autoritäre und frauenfeindliche Regierung zur Unterdrückung dieser Bewegung das gewaltsame Vorgehen gegen Frauen intensiviert.

Angriffe und Übergriffe auf sie sind Mittel und Hebel der Repressionen, die auch zuvor eingesetzt worden sind. Doch während dieser Ereignisse, sowohl bei Festnahmen wie auch in den Haftanstalten, haben sie ein deutlich drastischeres Ausmaß angenommen.

Dies hat mich veranlasst, gegen diese Übergriffe zu protestieren und zu versuchen, sie öffentlich zu machen, und auf diese Weise zu stoppen.

Ich bitte Sie, uns zu helfen und die internationale Öffentlichkeit darüber zu informieren, damit die unmenschliche Unterdrückung unserer Frauen ein Ende findet.

In den letzten Tagen wurden einige Inhaftierte aus den Sicherheitszellen im Evin-Gefängnis, aus unbekannten Haftanstalten und aus dem Qarchak-Gefängnis in Varamin in die Allgemeine Frauenabteilung in Evin verlegt. Darunter waren Frauen und Mädchen, die erst unlängst festgenommen worden sind. Diese Frauen berichten von schockierenden Übergriffen.

Vor einem Monat wurde eine auf offener Straße festgenommene Gefangene in die Quarantäne unserer Abteilung in Evin verlegt. Sie war ein junges Mädchen, eine bekannte Aktivistin, trotz der bitteren Erfahrung sexueller Übergriffe aber nicht demoralisiert, sondern voll ungebrochenem Kampfgeist. Gleich nach ihrer Einlieferung in die Quarantäne reichte sie der Gefängnisleitung eine schriftliche Beschwerde gegen den Beamten ein, der sie belästigt hatte, erhob schriftlich Einspruch gegen die sexuellen Übergriffe und beantragte eine Untersuchung.

Auf ihrem Bauch, um ihre Hand- und Fußgelenke herum, sah ich Blutergüsse und Narben. Bei ihrer Verhaftung war sie von zu Hause aus zu einem anderen Ort unterwegs. Sie hatte nicht an einer Straßenversammlung teilgenommen, wurde aber trotzdem unter Einsatz von Gewalt festgenommen. Beim Transport ins Gefängnis hatte man das mit Handschellen gefesselte Mädchen im Auto mit einer Hand und einem Bein an den Klemmen über ihrem Kopf festgebunden. In diesem Zustand wurde sie durch die im Wagen befindlichen Beamten sexuell angegriffen. Ihre Beschwerde aber wurde nicht untersucht – im Gegenteil: Nach unserem Streik und unseren Protesten im Gefängnis wurde sie nach vier Tagen zwangsweise in das abgelegene Qarchak-Gefängnis verlegt.

Vor einigen Tagen wurden mehrere bekannte Zivilaktivistinnen aus dem Qarchak-Gefängnis in die Evin-Frauenabteilung verlegt. Sie schilderten diverse Belästigungen und Übergriffe auf inhaftierte Frauen im Lauf der jüngsten Protestdemonstrationen. Den Verantwortlichen, die das Qarchak-Gefängnis besuchten, hatten Frauen mehrmals von den sexuellen Belästigungen und Übergriffen berichtet, unter anderem am 9. Dezember Kazem Gharibabadi, Generalsekretär des »Hohen Rates der Menschenrechte«, dem Menschenrechtsbeauftragten der Justiz, und davor dem Leiter der Organisation der Haftanstalten, sowie diversen Mitgliedern des Parlaments. Alle diese Verantwortlichen waren im Qarchak-Gefängnis, um die dortige Lage zu prüfen, sich Berichte und Beschwerden der Gefangenen anzuhören und diesen nachzugehen. Stattdessen aber gab es von ihnen nur Dementi in den TV-Nachrichten des staatlichen Fernsehens und später die Verlegung von protestierenden Zivilaktivistinnen aus dem Qarchak-Gefängnis nach Evin – darunter Vida Rabbani und Mozhgan Inanlu, die Informationen über den Ausgang der Untersuchungen verlangt hatten. Sie wurden verlegt, damit die Stimme der inhaftierten Frauen kein Gehör mehr findet.

Ein Mädchen sitzt, nachdem sie während Protestkundgebungen auf der Straße festgenommen worden ist, mit zwei Sicherheitskräften auf einem Motorrad. Vor ihr sitzt der Fahrer, der andere sitzt als Wache hinter ihr. Unterwegs wird das Mädchen immer wieder sexuell belästigt, verbal, aber auch physisch.

Eine andere Frau, die bei einer Protestaktion verhaftet worden ist, berichtet, dass ihr der Vernehmungsbeamte in der Verhörzelle im Qarchak-Gefängnis an die Brüste griff; nachdem die Frau geschrien und protestiert hatte, verließ er die Zelle.

Überall sind Frauen Obszönitäten und Beschimpfungen mit Bezug auf ihre Genitalien ausgesetzt, an Haftorten, auf Straßen, in provisorischen Haftanstalten, bei Verhören in Gefängniszellen.

Um Frauen sexuell, physisch und verbal zu belästigen, werden sie vom Qarchak-Gefängnis in das Gefängnis der Teheraner Polizei, bekannt als »Agahi e Shapur«, verlegt – eine der berüchtigtsten und am meisten gefürchteten Haftanstalten in Teheran, in der die sogenannten »technischen Verhöre« durchgeführt werden. Auf der Tagesordnung stehen Schläge, Pfahlhängen sowie weitere körperliche Folter zur Erlangung von Geständnissen; eine beträchtliche Anzahl von Gefangenen kommt hier ums Leben.

Oft werden festgenommene Verbrecher mit schwerwiegenden Beschuldigungen, Raub, Diebstahl, Mord und Unruhestiftung, in diese Haftanstalt gebracht, damit sie »technisch« verhört werden. Nun stellt sich die ernsthafte Frage: Warum werden 17- und 18-jährige Mädchen in »Agahi e Shapur« verhört?

Tatsache ist, dass Berichte über diese schamlosen Übergriffe bei den Familien auf der einen Seite Angst und Einschüchterung hervorrufen. Auf der anderen Seite aber steht die Vertuschung von Verbrechen seitens der Regierung, die ihre repressive Vorgehensweise gegen Frauen fortsetzen wird, wenn man darüber schweigt.

Daher scheint es erforderlich, dass auf internationaler Ebene über die Misshandlung der iranischen Aktivistinnen, Kämpferinnen und Demonstranten umfassend und eindringlich berichtet wird. Erstens können durch Veröffentlichungen und Enthüllungen die Repressionen gestoppt werden. Zweitens können die Angriffe auf Frauen, die seitens der Regierung sowohl als Drohmaßnahme eingesetzt werden, aber auch den Rückzug der Frauen verursachen sollen, auf diese Weise zu einer Kampagne werden, die die Regierung schwächt und zurückdrängt.

An dieser Stelle möchte ich betonen, dass Mut, Tapferkeit, Widerstand und Kampf, begleitet von Medienberichten und menschenrechtsunterstützenden Institutionen, effektive und erfolgreiche Auswirkungen haben. Gerade in der aktuellen Situation mit ihren weit verbreiteten Repressionen seitens der Regierung, dem immensen Druck auf die zivilen Institutionen und der Inhaftierung unzähliger ziviler Aktivistinnen und Aktivisten, und in Ermangelung einflussreicher, wirklich unabhängiger ziviler Organisationen, ist die Aufmerksamkeit und Unterstützung von Medien, internationalen Menschenrechtsorganisationen und der Öffentlichkeit von wesentlicher Bedeutung.

Als zivile Aktivistin, die sich für einen Übergang von einer religiösen, autoritären, frauenfeindlichen Herrschaft in eine freiheitliche, die Menschenrechte wahrende Demokratie einsetzt, und die selbst am 24.12.2019 im Evin-Gefängnis die bittere Erfahrung von Übergriffen auf Frauen gemacht und dagegen protestiert hat, bin ich davon überzeugt, dass wir, die mutigen, widerstandsfähigen, lebhaften und hoffnungsvollen Frauen im Iran, uns im Klaren über die repressiven und gewalttätigen Methoden der Regierung und über eventuelle Angriffe und Vergewaltigungen sind. Wir werden weiter auf die Straßen gehen, nicht nachgeben, uns nicht zurückziehen, bis zum Sieg, bis zur Errichtung der Demokratie, der Herstellung von Frieden und Menschenrechten, und bis zur Abschaffung der Tyrannei.

Dezember 2022, Evin-Gefängnis
Narges Mohammadi

NAZANIN BONIADI

Die iranisch-britische Schauspielerin wurde 1979 in Teheran geboren, ihre Eltern flohen mit ihr nach London, als sie noch ein Baby war. Nach Abschluss der Schule zog sie in die USA, um an der University of California Biologie zu studieren, beendete 2006 aber ihre wissenschaftliche Karriere zugunsten schauspielerischer Engagements. Boniadi spielte unter anderem in den Serien »Homeland« und »Der Herr der Ringe: Die Ringe der Macht« mit. Seit 2008 nutzt sie ihre Bekanntheit auch, um sich als Botschafterin von Amnesty International Großbritannien weltweit für Menschenrechte einzusetzen und auf die Notlage mutiger iranischer Frauen und Jugendlicher aufmerksam zu machen, die in ihrem Heimatland für ihre Rechte kämpfen.

Wir sehen im Iran die erste von Frauen angeführte Revolution unserer Zeit. Eine weiblich angeführte Revolution. Das gab es noch nie und ich denke, darin besteht ihr Zauber

Seit 14 Jahren engagiere ich mich für Menschenrechte und habe eine enge Verbindung zur iranischen Zivilgesellschaft. Deswegen kann ich mit Sicherheit sagen, dass es dieses Mal einen entscheidenden Unterschied zu früheren Protesten gibt, denn es ist den Frauen gelungen, die iranische Gesellschaft insgesamt aufzurütteln. Dadurch konnten die verschiedenen Formen der Diskriminierung ebenso thematisiert werden wie die Gleichstellung der Geschlechter und andere grundlegende Menschenrechtsverletzungen. Jetzt unterstützen auch ethnische Minderheiten – Jina Mahsa Amini war ja eine kurdische Iranerin – diese Bewegung, ebenso wie Menschen aus der LGBTQ Community oder aus Gewerkschaften. Auch Universitätsstudenten und generationenübergreifende Gruppen haben einen großen Anteil. Neben all diesen Aspekten muss man besonders betonen, dass die Regierung auch nach so vielen Monaten nicht in der Lage war, den Geist der Demonstranten zu brechen.

Es gibt einen viel zitierten Spruch: »Für jede Person, die getötet wird, werden sich Tausende hinter ihr erheben.« Jedes Mal also, wenn die Regierung einen Demonstranten tötet oder hinrichtet, hält das die Menschen nicht auf oder jagt ihnen Angst ein. Im Gegenteil: Die Menschen zeigen stattdessen noch mehr Mut. Es hat damit begonnen, dass Frauen gegen den verpflichtenden Hijab protestierten, inzwischen wenden sie sich gegen die Sittenpolizei, fordern das Ende der Islamischen Republik und kämpfen damit für die Demokratie. Die Rolle, in der ich mich als Botschafterin von Amnesty International sehe, besteht darin, jenen Menschen eine Stimme zu geben, die sie nicht erheben können, weil sie zum Schweigen gebracht wurden oder werden.

Protest oder Revolution?

Wenige Wochen nach Beginn der Proteste 2022 sagten viele, man solle das Wort Revolution nicht verwenden, es würde die Leute verschrecken. Einige meiner Freunde, aber auch Beobachter meinten, das Wort könne der Bewegung deswegen Probleme bereiten, weil die letzte Revolution, die es im Iran gab, für die Bevölkerung nicht gut ausging. Möglicherweise hat das iranische Volk aufgrund der Revolution von 1979 so viele Jahre gezögert, eine weitere Revolution herbeizuführen.

Doch dieses Mal fühlt es sich anders an: Das hat mit dem Mut der Demonstrantinnen und Demonstranten zu tun. Die Menschen haben sich nicht weggeduckt, sie sind stehen geblieben. Die Frauen haben ihre Kopftücher abgenommen und auf der Straße getanzt. Es gibt Bilder von Frauen ohne Hijab, wie sie Männer umarmen und küssen. Da war dieser Ausdruck von Mut und Liebe, dieser verbotenen Liebe, die ich noch nie zuvor gesehen hatte. Deswegen finde ich: Hört auf, es als Protest zu bezeichnen. Das *ist* eine Revolution.

Der Hijab ist keine Frage der kulturellen Tradition

Zur Hijab-Pflicht haben wir in den letzten 44 Jahren immer wieder gehört, dies sei eine Frage der Kultur, in die wir uns nicht einmischen sollten. Nun aber zeigen uns die Frauen im Iran, dass sie bereit sind zu sterben, um sich dieser Pflicht zu entledigen – weil es eben *kein* kulturelles Problem ist. Welche Kultur muss schon mit Schlagstöcken, Inhaftierung oder Tod durchgesetzt werden? Immer wieder wurden Reformen versprochen. Doch die Hebel der Kontrolle blieben in der Hand des obersten Führers, und in seinem Umfeld sind nur Leute in Machtpositionen, die das System unterstützen. Deshalb verachtet das iranische Volk diese sogenannten Reformisten; schließlich sind sie es, die mit einem Lächeln im Gesicht das System all die Jahre aufrechterhalten haben. Die Menschen auf der Straße geben jetzt ihrem eigenen Regime die Schuld für alles, was geschieht. Niemand singt »Tod Amerika« oder »Tod Israel«, es geht ausschließlich um die Islamische Republik. All das macht mir bewusst, dass wir auf die Stimmen des iranischen Volkes hören sollten.

Ich bin keine Politikerin, aber ich stehe mit vielen Menschen in Kontakt, die eine Art Allianz gebildet haben und für eine nicht mit der Religion verbundene Demokratie kämpfen. Es sind im Moment alles Einzelpersonen, aber ich weiß, dass ihnen allen die Menschen im Iran sehr am Herzen liegen. Es muss die Entscheidung des iranischen Volkes sein, welche Art von Demokratie es sein will – ob Republik oder konstitutionelle Monarchie. Das darf keiner von uns diktieren.

Als ich den Hijab anziehen musste, fühlte ich mich zum ersten Mal kontrolliert

Ich spreche Farsi, was mir die Möglichkeit gibt, mit Dissidenten sowie mit den Familien von Gefangenen und Aktivisten in Kontakt zu treten. Ich wurde in Teheran geboren, war aber erst 20 Tage alt, als meine Eltern 1979 fliehen mussten. Mein Vater stand auf einer Hinrichtungsliste. Er war gegen die Islamische Republik. Wir fanden Zuflucht in London, wo ich aufgewachsen bin. Als ich zwölf Jahre alt war, haben wir zwei Monate im Iran verbracht, und zwar in Teheran, in der Stadt Maschhad im Nordosten und in der Provinz Gilan im Nordiran, wo die Familie meiner Mutter herkommt. Ich erinnere mich gut, wie wir Mädchen und Frauen im Flugzeug vor der Landung den Hijab anziehen mussten. Ich fühlte mich zum ersten Mal kontrolliert, weil ich etwas auf dem Kopf tragen sollte, das ich nicht wollte. Ich hatte Angst, weil ich verstand, dass es Dinge gab, die ich nicht mehr sagen konnte und tun durfte. Während dieser Reise ging ich einmal mit meinem Onkel die Straße entlang, als ich mit der Sittenpolizei aneinandergeriet. Meine Mutter ging ein paar Schritte hinter uns, und wir sahen Männer der Basij-Miliz, eine paramilitärische Miliz im Iran, in Zivil auf uns zukommen. Wütend verlangten sie von meinem Onkel, er solle ihnen unsere Heiratsurkunde zeigen. Meine Mutter ist dann auf diesen Mann zugegangen und hat gesagt, er solle sich schämen, weil ihn seine Mentalität dazu verleite, etwas zu sehen, was es gar nicht gäbe. »Das ist meine Tochter und das ist mein Bruder«, hat sie gesagt, worauf der Milizionär meinte, er könne mich einsperren. Es war sehr einschüchternd. Es ist uns zwar nichts passiert, aber die Angst, die diese Menschen in uns auslösten, war heftig. Da habe ich zum ersten Mal gefühlt, wie es wohl für Mädchen und Frauen im Iran tagtäglich sein musste, sich diesen Erfahrungen auszusetzen.

Der Westen hat sich 44 Jahre auf die Symptome des Problems konzentriert

Unsere Verantwortung besteht darin, den Menschen zu helfen, freie und faire Wahlen abzuhalten, damit sie ihr eigenes Schicksal und ihre eigenen Führungsfiguren wählen können. Im Iran mangelt es nicht an fähigen Leuten, die seit 44 Jahren dafür kämpfen, frei zu sein. Sie sind es, die den Iran in eine von der Religion losgelösten Demokratie führen werden.

Der Westen hat all diese Jahrzehnte damit verbracht, sich auf die Symptome des Problems zu konzentrieren – etwa auf die Frage der Nutzung von Atomenergie oder auf regionale Aggressionen. Auf die Ursache des Problems, das Regime selbst, haben wir nicht geblickt. Daher meine Forderung an die Politik: Wenn Sie der Meinung sind, dass nicht genug Menschen gegen das Regime kämpfen und demonstrieren, um diese Revolution zu unterstützen, dann sorgen Sie als internationale Gemeinschaft und insbesondere als Demokratien wenigstens dafür, dass das iranische Volk gehört wird. Das ist aber nur möglich, wenn sich internationale Politikerinnen und Politiker mit den Menschen treffen, die für die Bevölkerung im Iran sprechen und nicht mit denen, die genau diese Bevölkerung unterdrücken wollen.

Auch strategische Sanktionen sind sehr wichtig. Das Staatsoberhaupt Ali Khamenei und seine Regimebeamten müssen sanktioniert werden. Es muss auch verhindert werden, dass die Kinder dieser Menschen bequem im Westen leben und an Elite-Universitäten wie Oxford, Cambridge oder Harvard ausgebildet werden können. Doch leider hat der Westen bisher zu wenig getan, um die Zivilgesellschaft im Iran zu stärken, etwa, indem er in den Zeiten, in denen das Regime das Internet abschaltete *(solche Maßnahmen werden von totalitären Regimen eingesetzt, um Aufstände zu vereiteln oder Massenhinrichtungen zu vertuschen, Anm. d. Red.)*, den Zugang zum Internet sichergestellt hätte. Es war bekannt, dass solche Shutdowns bereits seit 2017 gängige Praxis waren, und doch wurde nichts unternommen, um sie zu verhindern. Fünf Jahre später wiederholt sich die Geschichte und Aktivistinnen und Aktivsten können sich nicht gut genug organisieren oder miteinander kommunizieren. Das iranische Volk sucht niemanden, der es rettet. Es will nur, dass die internationale Gemeinschaft aufhört, das Regime zu retten.

Meine Mutter und die Frauen ihrer Generation sind Löwinnen

Meine Mutter war immer schon eine der mutigsten Frauen, die ich kenne. So habe ich bereits an Protesten teilgenommen, als ich noch im Mutterleib war. Als 1979 die Revolution ausbrach, war meine schwangere Mutter 19 Jahre alt. Und sie gehörte zu den wenigen Antirevolutionären, die der Meinung waren, das Land würde zur Hölle fahren. Meine Mutter ist eine Löwin. All diese Frauen ihrer Generation sind Löwinnen. Aber die jetzige Generation ist noch mutiger. Ich denke, mein Wunsch, jetzt zu helfen, beruht auf der Haltung meiner Eltern und der Tatsache, dass es in meiner DNA, im Zeitstempel auf meiner Geburtsurkunde und in den Umständen, in die ich hineingeboren bin, festgeschrieben ist. Schon im Lauf der letzten Jahre ist mir klar geworden, dass ich aufgrund meiner Bekanntheit eine zusätzliche Verantwortung habe.

Gerade auch durch die Rolle als Anführerin Bronwyn in der Serie »Der Herr der Ringe: Die Ringe der Macht« habe ich meine Plattform genutzt und den mutigen Frauen im Iran und all den Aktivisten und Aktivistinnen, mit denen ich in Kontakt stand, diese Rolle gewidmet. Das war zwei Monate vor Jina Mahsa Aminis Ermordung. Seither beginnt die Welt, den Mut dieser Frauen zu sehen und zu verstehen. Schon so lange stehen sie an vorderster Front im Kampf für Freiheit und Demokratie. Alle Anerkennung gebührt ihnen. Wir sehen Bilder ihres Muts. Das ist ohne Frage die treibende Kraft, dieser Mut.

Ich denke, dass meine Eltern stolz darauf sind, dass ich ihre Stimme weitergebe. Ihre Generation hat so viel verloren. Es gibt so viele, die im Exil getrennt von ihren Lieben und ihren Familien leben und nicht zurückkehren können. Es gibt so viele Traumata, innerhalb und außerhalb des Iran. Viele Dissidenten, die hingerichtet werden sollten, sind entkommen, aber sie leben im Exil. Oder das Trauma vieler Mitglieder der Diaspora, deren im Iran zurückgebliebenen Familienmitglieder getötet wurden. Meine Eltern verließ in den letzten Jahrzehnten immer wieder die Zuversicht, weil sie dachten, es würde sich nie etwas ändern. Mein Vater würde so gerne noch einmal seine Heimat wiedersehen, aber als freies Land. Nun schöpft auch die Generation meiner Eltern neue Hoffnung.

Meine Mutter hatte, wie gesagt, noch nie Angst. Sie stand an vorderster Front, obwohl sie wusste, dass man Säure in die Gesichter von Frauen schüttete, sie zu Tode prügelte oder inhaftierte. Auch mein Vater schrieb, nachdem er den Iran verließ, weiterhin regimekritische Artikel. Natürlich sind meine Eltern besorgt, was mich betrifft, aber ich glaube nicht, dass sie Angst haben. Wenn diejenigen von uns außerhalb des Iran nicht bereit sind, ein kleines Risiko einzugehen, wird sich nichts ändern. Ich habe das Gefühl, dass ich aus diesem Mut Kraft schöpfe. Und ich denke, meine Eltern tun es ebenso. Sie sagen: Schau, wenn diese Kinder sterben oder bereit sind, dem Tod ins Auge zu sehen, dann sollten auch wir hier draußen keine Angst haben.

Unsere Verantwortung besteht darin, den Menschen zu helfen, freie und faire Wahlen abzuhalten, damit sie ihr eigenes Schicksal und ihre eigenen Führungsfiguren wählen können. Im Iran mangelt es nicht an fähigen Leuten, die seit 44 Jahren dafür kämpfen, frei zu sein. Sie sind es, die den Iran in eine von der Religion losgelösten Demokratie führen werden.

NASRIN SOTOUDEH

Die Rechtsanwältin, Journalistin und Menschenrechtsaktivistin, 1963 in Teheran geboren, schloss 1995 ihr Jurastudium ab. Danach jedoch musste sie acht Jahre auf ihre Zulassung als Anwältin warten; eine Zeit, die sie nutzte, um in reformorientierten Zeitungen über Frauenrechte zu schreiben. Ab 2003 arbeitete sie als Rechtsanwältin, vertrat Frauen, Dissidenten, religiöse Minderheiten – und die Menschenrechtsaktivistin Shirin Ebadi, die als erste muslimische Frau den Friedensnobelpreis bekam (siehe S. 86). Nach den Wahlen 2009 trat Nasrin Sotoudeh für Angehörige der protestierenden »Grünen Bewegung« ein; doch während viele andere Aktivisten ins Ausland flohen, blieb sie im Iran. 2010 wurde sie das erste Mal verhaftet. Mehrfach trat sie im Gefängnis in Hungerstreik, wurde jedoch erst 2013 nach internationalen Protesten wieder aus der Haft entlassen. 2018 folgte eine weitere Verurteilung zu 33 Jahren Haft und 148 Peitschenhieben sowie ihre erneute Inhaftierung. Aus gesundheitlichen Gründen wurde ihr für den Moment Hafturlaub bewilligt. Nasrin Sotoudeh ist verheiratet und hat zwei Kinder. Für ihren mutigen Einsatz für die Menschenrechte wurde sie 2020 mit dem Alternativen Nobelpreis ausgezeichnet.

Bevor ich das Interview mit Nasrin führe, bin ich nervös. Ich habe eine Blockade im Kopf. Ich will so viel wissen, doch bei jeder Frage denke ich mir: Gefährde ich sie nicht? Sie hören doch mit. Nasrin ist nur auf Hafturlaub draußen, sie darf nicht reden. Im Juni 2018 wurde sie in ihrem Haus verhaftet. Ihr wird unter anderem »Störung der öffentlichen Ordnung« vorgeworfen, »Spionage« und »Schüren von Prostitution«. Sie darf keine Interviews geben.

Dennoch wird sie gleich mit mir sprechen. Wird sie es? Gestern schrieb sie mir über den Messengerdienst Signal, um wieviel Uhr ich sie anrufen soll. 20 Uhr iranische Zeit, halb sechs deutsche. Sie errechnete für mich die Zeitdifferenz. Ich bedankte mich bei ihr und schrieb Gute Nacht. Seitdem ist nur eines der Häkchen zu sehen. Sie hat also nicht mehr gesehen, dass ich ihr geschrieben habe: Ok. Wird sie ihr Handy in 20 Minuten anmachen? Dann ist es halb sechs. Sie kann jeden Tag ins Gefängnis zurückgebracht werden. Jede Stunde. Haben sie mitbekommen, dass sie mit mir reden will? Und kann ich das überhaupt verantworten, dass dieses Gespräch gedruckt wird? Und dann doch, sie ist da, und wir sprechen.

Frauen machen die Hälfte der Bevölkerung des Iran aus. Seit fast 44 Jahren werden sie unterjocht, in der Familie, am Arbeitsplatz, und in verschiedenen Bereichen der Gesellschaft. Wollen sie an offiziellen Stellen ihre Rechte einfordern, sind die Gerichte vollständig von Männern dominiert. Richterinnen gibt es nicht. Frauen finden kein Gehör. Wenn ich als Anwältin von Kindern, die häuslicher Gewalt ausgesetzt waren, vor Gericht ging, hatte ich in den meisten Fällen mit männlichem Justizpersonal zu tun, das nicht bereit war, sich mit dieser Problematik überhaupt zu befassen.

Frauenrechte werden auf verschiedensten Ebenen unterdrückt. Ich arbeitete in einem dieser Bereiche, befasste mich mit Fällen von Ehrenmorden, Kinderehen und ähnlichem. Wenn etwa eine Familie, um ihre Ehre zu bewahren, die eigene Tochter umbringt, weil sie argwöhnt, diese habe eine illegale Beziehung zu einem Mann, kann es keine

Hoffnung geben, dass Frauen aus dieser Familie jemals ihre Rechte zugestanden werden.

Tatsächlich aber hat die so lange andauernde Gewalt die Frauen derart in die Enge getrieben, dass das nötige Quantum an Mut und Tapferkeit in ihnen entstehen konnten, um sich aufzulehnen. Nun fordern sie Gleichheit und Gerechtigkeit, und verlangen, dass ihre Rechte beachtet und respektiert werden. Sie haben nichts mehr zu verlieren. Mit ihren Forderungen spielen sie endlich eine würdige und im Rahmen der iranischen Kultur angemessene Rolle.

Neu bei dieser Bewegung oder, besser gesagt, diesem revolutionären Aufstand, ist die gegenseitige Unterstützung. Hierfür möchte ich ein Beispiel geben: Als Mohammad Hosseini *(ein Geflügelarbeiter ohne jegliche Familienangehörige, der sich den Protesten im Herbst 2022 angeschlossen hatte, Anm. d. Red.)* im Januar 2023 hingerichtet wurde, stellten sich viele Frauen in die erste Reihe, sozusagen an Stelle seiner Eltern. Damit zeigten sie ihre Überzeugungen und setzten für die demonstrierende Jugend ein wichtiges Zeichen des Beistands.

Nach dem Tod Mahsa Aminis stellten sich die Frauen und Männer im Iran eine entscheidende Frage: Was sollen wir wirklich tun?

Immer wieder haben Frauen, und auch Männer, in den letzten drei Jahrzehnten Bürgerproteste organisiert. Die vielleicht wichtigste Kampagne mit einer Million Unterschriften widmete sich der Abschaffung der Steinigung von Frauen. *(Diese Strafe existiert in der Islamischen Republik Iran bis heute, Anm. d. Red.)* Das war nur eine von vielen Kampagnen, nach denen Dutzende Menschen festgenommen und ins Gefängnis gesperrt wurden. Als Mahsa Amini im September 2022 getötet wurde, weil sie angeblich ihren Hijab nicht korrekt getragen hatte, stellten sich Frauen und Männer im Iran eine entscheidende Frage: Was sollen wir wirklich tun? Als erstes, fanden sie, sollten Frauen die Macht über ihren eigenen Körper erhalten. Denn sobald ihnen die Kontrolle über ihren eigenen Körper zugesprochen wird, können wir auch das Problem von Kinderehen und Ehrenmorden lösen. Und wir können die Gleichberechtigung von Mann und Frau in Familie und Gesellschaft erreichen. Der jetzige revolutionäre Aufstand begann als Protest gegen die schlimmste Form der Kontrolle über den Körper der Frau in den letzten vier Jahrzehnten: den obligatorischen Hijab. Nach und nach aber entwickelte sich aus der Ablehnung des Hijab eine Grundfrage: Sollte dem Staat, neben der Macht über den weiblichen Körper, nicht auch die Kontrolle über Gedanken, Ideen und religiöse Überzeugungen entzogen werden, über die Redefreiheit und alle anderen Aspekte des Lebens von Bürgern und Bürgerinnen? So entstand aus dem ersten Protest eine sehr viel umfassendere Forderung.

Eine Regierung, die den Willen ihres Volkes nicht respektiert, verliert ihre Legitimation

Ich habe keinen Zweifel, dass dies ein revolutionärer Aufstand ist. Wir sprechen dann von einer Revolution, wenn die Mehrheit oder zumindest eine bedeutende Anzahl von Menschen in einer Gesellschaft einen Regierungswechsel fordert. Ob uns das bald gelingen wird, kann niemand genau sagen, aber im gleichen Maße verliert eine Regierung ihre Legitimation, wenn sie den Willen des Volkes nicht respektiert. Wenn vier Monate lang jede Nacht Menschen aus ihren Häusern herausschreien, dass sie diese Regierung nicht wollen, dann hat diese ihre Legitimation verloren.

Auch in den letzten Jahren gab es hin und wieder einen Funken, der sich in eine Revolution hätte verwandeln können, etwa im November 2019, als die Benzinpreiserhöhung zu Protesten führte. Aber jetzt, im Fall Mahsa Amini, denke ich, dass die Gefühle der Menschen aufgrund der extremen Gewalt gegen Frauen verletzt wurden. Jahrelang sind Männer Zeugen gewesen, wie junge Mädchen misshandelt, verschleppt und brutal geschlagen wurden. Wenige Wochen vor dem Tod Mahsa Aminis hatten wir die Verhaftung der 28-jährigen Schriftstellerin und

Lektorin Sepideh Rashnu erlebt, die in einem Linienbus mit einer verschleierten Frau in Streit geriet, weil sie deren Aufforderung, ihr Kopftuch aufzusetzen, nicht nachkam. Jetzt steht Rashnu unter anderem wegen Propagandaaktivitäten gegen die Islamische Republik, die Ermutigung zur Verdorbenheit und Unzucht vor Gericht. Ihre Festnahme hat die Gefühle von Frauen wie von Männern sehr verletzt. Auch sie haben inzwischen gezeigt, wie sehr sie unter der Unterdrückung von Frauen leiden. Mein Mann wurde ebenfalls zu fünf Jahren Gefängnis verurteilt, weil er gegen den obligatorischen Hijab protestierte. Als Mahsa Amini starb, gingen diese Wunden in der Gesellschaft plötzlich auf.

Wir wünschen uns ein einfaches, normales Leben, in dem wir uns wegen Verhaftungen keine Sorgen machen müssen

Wenn ich das Wort Freiheit höre, wünsche ich mir zunächst, dass sich Frauen jeden Tag frei und wohl fühlen, ohne jeden Morgen darüber nachdenken zu müssen, was sie anziehen sollten, um keinen Ärger zu bekommen. Zudem sollten die Ressourcen unseres Landes nicht für die Ambitionen der Regierung im Jemen, im Libanon, in Palästina oder an anderen Orten verbraucht werden. Darunter leiden wir seit über 40 Jahren. Wir wünschen uns ein einfaches, normales Leben – ein Leben, in dem wir uns keine Sorgen darüber machen müssen, ob einem selbst oder jemandem aus der Familie die Verhaftung droht, und in dem wir nicht über Besuche in Gefängnissen, Hungerstreiks und Hinrichtungen nachdenken. Mein Traum wäre, morgens entspannt aufzustehen, einen normalen und natürlichen Tagesablauf vor mir zu haben mit ausreichend Zeit zum Essen und für persönliche Hygiene, später in eine Bibliothek oder in einen Park zu gehen oder die Möglichkeit zu haben, ohne Hijab Sport zu treiben. Und wir würden mit anderen Menschen in Kontakt stehen können, ohne zu grübeln, ob sie vielleicht vom Geheimdienstapparat auf dich angesetzt wurden. Dieser permanente Verdacht vergiftet die Beziehungen zwischen den Menschen, denn es ist eine große Anzahl einfacher Bürgerinnen und Bürger, die im Dienst der Sicherheits-, und Nachrichtendienste standen und stehen. Außerdem könnte jeder wegen eines Streites vor Gericht gehen, ohne Angst vor den Geheim- und Sicherheitsbehörden zu haben. Und er könnte darauf vertrauen, dass die Urteile auf der Basis von Recht und Gerechtigkeit gefällt werden. Das ist die normalste Form des Lebens, die ich mir wünsche.

Mein Mut ist durch das Leid entstanden, dem ich begegnet bin

Die Frage, woher mein Mut kommt, haben mir schon viele Menschen gestellt. Zuerst war ich sehr überrascht, weil ich dachte, ich tue doch nur das Normalste, das, was auf der Hand liegt. Als Anwältin bestand meine Aufgabe darin, andere zu verteidigen, bis ich selbst Probleme bekam. Deshalb nenne ich mein Tun und Handeln nicht Mut. Es ist durch das Leid entstanden, dem ich begegnet bin, als Frauen verhaftet wurden, die nur Unterschriften sammelten, um Gesetze zu ändern. Diese Frauen wollten, dass ich sie vertrete. Oder jene, die sich in der Enghelabstraße *(eine nach der Islamischen Revolution von 1979 benannte Hauptstraße »Straße der Revolution« in Teheran, Anm. d. Red.)* auf einen Stromkasten stellten, ihr Kopftuch abnahmen und es an einem Stock durch die Luft schwenkten, um zu protestieren: Auch sie baten mich, ihre Anwältin zu werden. Das war kein Mut, sondern meine Pflicht. Ich dachte mir, wenn diese jungen Mädchen auf die Straße gehen, sich in Gefahr bringen, um Unterschriften für mein Recht und das Recht der anderen zu sammeln, dann haben sie monatelang über diesen Weg nachgedacht. Auch diejenigen, die sich auf den Stromkasten stellten, haben darüber monatelang nachgedacht. Deshalb vertrat ich diese Frauen vor Gericht. Vielleicht speist sich meine Energie auch aus der Vision, die ich vor Augen habe: eine Vision vom Ende dieser Leiden. Von einem gerechteren, ruhigeren Leben, sowohl für mich als auch für künftige Generationen.

Im Qarchak-Gefängnis gibt es weder Wasser noch Luft

Im Moment drohen für jedes Aufbegehren drakonische Strafen. Auf der Frauenstation im Evin-Gefängnis *(dem für seine Haftbedingungen und Folterpraktiken berüchtigten Gefängnis am Stadtrand Teherans, Anm. d. Red.)* bekommen politische Gefangene nur in großen Zeitabständen kurzfristige Hafturlaube. Meist lehnen die Verantwortlichen die Anträge ab, egal, ob Frauen ihre Kinder sehen wollen, oder ein Familienmitglied verstorben ist. Während ich zwischen 2010 und 2013 inhaftiert war, habe ich meinen Vater und meine Mutter verloren. Zur Trauerfeier meines Vaters ließen sie mich nicht gehen. Für meine Mutter haben sie mir die Erlaubnis erteilt, aber viele haben nicht einmal in diesem Fall eine Genehmigung bekommen. Wir waren damals mehrere Mütter, die kleine Kinder hatten, und wir haben immer wieder einen Antrag gestellt, um zum Geburtstag unseres Kindes nach Hause gehen zu dürfen. Sie erlaubten es nicht – wohl auch, weil die Entscheidungsträger Männer waren.

Neben dem Evin-Gefängnis gibt es noch ein anderes Gefängnis für Frauen. Im Qarchak-Gefängnis sind sowohl politisch aktive als auch politisch nicht aktive Frauen inhaftiert. Dort gibt es buchstäblich weder Wasser noch Luft: Einen Kilometer von dort entfernt liegt eine Kamelfarm, rundherum ist Wüste; es stinkt. Das Wasser ist salzig und schlecht; zu Trinkwasser hatten wir nur begrenzten Zugang. Mal konnten wir Wasser in Flaschen in einem speziellen Laden kaufen, mal bekamen wir Wasser aus gesonderten Wasserhähnen für angeblich frisches Wasser. Aber auch dieses Wasser konnte man nur bedingt verwenden. Wenn man baden wollte, musste man ein Bad in Salzwasser nehmen. All das macht die Haftbedingungen dort unerträglich.

Der Hintergrund dieses menschenverachtenden Vorgehens gegenüber Häftlingen ist eine Kombination aus der sehr gezielten Absicht, die Inhaftierten zu erniedrigen, einem generell verachtenden Blick auf die Menschen und der Tatsache, dass diejenigen, die für die

Haftbedingungen verantwortlich sind, aus einer sozialen Schicht kommen, die selbst nie respektiert wurde. Dies führt dazu, dass sie andere ebenfalls mit Respektlosigkeit behandeln.

Die Angst ist da, aber sie wird die Bewegung nicht stoppen

Die Todesstrafe wird von Regierungen wie der des Iran als Mittel zur Abschreckung eingesetzt, um Gegner einzuschüchtern und eigenes Missmanagement zu vertuschen. Vor etwa neun Jahren haben wir die »›Legam‹-Kampagne zur schrittweisen Abschaffung der Hinrichtungen« ins Leben gerufen. Einige derer, die diese Initiative grundlegend vorangebracht haben, sind inzwischen gestorben oder sitzen im Gefängnis; viele Unterstützer sind heute nicht mehr aktiv.

Ich denke, dass wir uns der Möglichkeit, hingerichtet zu werden, bewusst stellen müssen. Dann bin ich zuversichtlich, dass wir die Angst davor überwinden werden. Viele von denen, die einen politischen Standpunkt vertreten und über den Sieg dieses Aufstands nachdenken, möchten, dass ich mit Nachdruck sage, die Menschen hätten keine Angst. Aber als jemand, der selbst menschliche Emotionen in sich trägt, muss ich Ihnen sagen, dass diese Hinrichtungen selbstverständlich Angst erzeugen. Menschen, die auf die Straße gehen, haben Angst, verhaftet oder niedergeschossen zu werden, ihr Augenlicht zu verlieren oder bei den Demonstrationen getötet zu werden. Trotzdem gehen sie auf die Straße. Die Angst gibt es, aber sie wird diese Bewegung nicht stoppen.

Ich selbst bin glücklich darüber, dass ich in den letzten anderthalb Jahren, in denen ich nicht mehr im Gefängnis bin, diesen Aufstand miterleben und auch selbst einige Maßnahmen ergreifen konnte. Ich bin froh, dass ich in dieser Zeit trotz aller Einschränkungen meine eigenen Aussagen formulieren konnte. Aber natürlich bedeutet die Rückkehr ins Gefängnis für einen Menschen eine sehr starke Verengung der

Perspektive. Die Aussicht, dass einem selbst die relative Freiheit, die ein Leben im Iran bedeutet, entzogen wird, ist hart. Trotzdem: Wenn wir alle beweisen müssen, dass Gerechtigkeit unser zentrales Anliegen ist, werden wir wieder ins Gefängnis gehen, damit unsere Leiden vielleicht helfen, Gerechtigkeit herzustellen. Alle, die den gewaltlosen Kampf betonten, betonten auch die Akzeptanz des Leidens. Wir dürfen die Gewalt, der wir selbst ausgesetzt sind, nicht anderen auferlegen. Aber wir können das Leid, das sie uns aufbürden, in der Hoffnung auf eine Verwirklichung der Gerechtigkeit ertragen. Deshalb werde ich, wenn die Zeit gekommen ist, ins Gefängnis zurückgehen. Aber natürlich will kein vernünftiger Mensch zurück ins Gefängnis. Ich auch nicht.

Internationalen Frieden und Sicherheit können wir nur schaffen, wenn wir die Menschenrechte weltweit als oberste Richtschnur etablieren

Auch im Ausland hat sich mittlerweile eine Opposition formiert, die von manchen IranerInnen befürwortet, von anderen abgelehnt wird. Auf alle Fälle ist sie ein wichtiger Schritt, selbst wenn niemand, der im Iran lebt, an dieser Koalition würde teilnehmen können – wer dies täte, würde definitiv verhaftet. Doch auch Regimegegner, die im Ausland sind, leben nicht im Paradies und sind Risiken ausgesetzt. Und egal, an welchem Ort jemand etwas leistet – alles ist wertvoll.

Die Durchsetzung der Menschenrechte im Iran hätte nicht nur für uns, sondern für die ganze Welt große Bedeutung. In der Charta der Vereinten Nationen, und in der Allgemeinen Erklärung der Menschenrechte, die beide aufgrund der Erfahrungen aus dem Zweiten Weltkrieg verfasst wurden, ist zu lesen, dass Frieden und Sicherheit die Achtung der Menschenrechte voraussetzen. Wenn die Länder der Welt also denken, sie könnten innerhalb ihrer geografischen Grenzen Frieden und Sicherheit herstellen, aber gleichzeitig die Augen vor Menschenrechtsverletzungen in anderen Teilen der Erde verschließen, werden sie scheitern.

Internationalen Frieden und Sicherheit werden wir nur schaffen können, wenn wir weltweit die Achtung der Menschenrechte etablieren und dies auch aufrechterhalten.

Jeder Mensch sollte das Recht haben, für eine Präsidentschaft zu kandidieren

Eine der wichtigsten Herausforderungen dieses revolutionären Aufstands ist, zu klären, wer in der iranischen Politik das Steuer übernehmen kann, wenn es zu einer Revolution kommt. Ich möchte auf alle Fälle, dass Voraussetzungen und Bedingungen geschaffen werden, die dazu führen, dass jeder Mensch das Recht hat, für eine Präsidentschaft zu kandidieren, und jeder Wähler und jede Wählerin in Freiheit für seinen oder ihren Kandidaten stimmen kann. Da die Geschichte voller unvorhersehbarer Wendungen ist, kann ich natürlich jetzt nicht sagen, wer dann an der Spitze der iranischen Politik stehen wird. Aber auf alle Fälle weiß ich, dass wir dann unserem Ziel näher gekommen sein werden.

... antwortet mir Nasrin Sotoudeh auf meine letzte Frage, ob sie eines Tages Präsidentin in einem freien Iran werden möchte. Wir haben lange gesprochen, einige Passagen mussten wir nachträglich streichen. »Dazu kann ich jetzt nichts sagen, Natalie«, sagte mir Nasrin öfter. Wie wohl ein Interview wäre, in dem sie alles, was ihr auf dem Herzen liegt, was sie weiß, sagen dürfte, ohne um ihr Leben zu fürchten?

LEILY

26, Anonym

Für mich ist Freiheit, wenn ich, ohne bedroht zu sein, sprechen und meine Meinung äußern und das verteidigen kann, was ich beabsichtige und erwarte

An einem Tag gehe ich auf die Straße und bin auf einmal voller Hoffnung und guter Laune. Wenn ich es recht bedenke, ist alles sehr abhängig von der Art der Präsenz der Mitmenschen um mich herum. Für mich vollzieht sich die Gegenwart auf der Straße auf zwei verschiedenen Ebenen: An einem Tag protestieren wir, an einem anderen Tag gehen wir aus dem Haus, nur um etwas zu erledigen. Aber in beiden Fällen ist es so, dass die Anzahl der Menschen, ihre Präsenz und die Art und Weise, wie sie gekleidet sind, wie sie sich benehmen, eine Auswirkung hat auf unser Gemüt. Und das ändert sich von Tag zu Tag. Es gibt Zeiten, in denen ich erfüllt bin von Hoffnung, ich fühle, dass wir unser Vorhaben erreichen können. Und es gibt Tage, an denen ich enttäuscht bin, von dem, was um mich herum passiert, von der geringen Anzahl protestierender Menschen, oder auch von der Gleichgültigkeit anderer.

Der Tod ist nur ein Moment, aber das Gefängnis, das auf uns wartet, ist viel beängstigender als der Tod, dort stirbt man jeden Moment und jede Stunde

Welche Gedanken kommen mir in den Sinn, wenn ich das alles sehe und erlebe? Selbstverständlich bin ich voller Wut, auch weil ich weiß, wie ungerecht die iranischen Haftbedingungen sind. Es ist nicht einmal annähernd das, was allgemeingültig als Gerechtigkeit empfunden werden würde. Und um ehrlich zu sein – ich spreche über mich, nicht über die Menschen um mich herum –, im Moment ist die Vorstellung an eine Haft mein schwächster Punkt. Immer wieder habe ich meiner Familie und meinen Freunden gesagt, dass ich lieber während einer Demonstration sterben möchte, als in einem Gefängnis der Islamischen Republik zu landen. Der Tod ist nur ein Moment, aber das Gefängnis, das auf uns wartet, ist viel beängstigender als der Tod, dort stirbt man jeden Moment und jede Stunde.

Es gibt mir Hoffnung, wenn ich sehe, wie viele starke und respektable Persönlichkeiten in unserem Land existieren. Sie waren die ganze Zeit da, haben sich nicht für einen Moment von uns entfernt. Hossein Ronaghi *(bekannter iranischer Blogger, der nach einem Hungerstreik im November 2022 aus der Haft entlassen wurde, Anm. d. Red.)* und Hamed Esmailiyoun *(iranisch-kanadischer Aktivist, dessen Frau und Tochter bei dem Abschuss der ukrainischen Passagiermaschine durch die iranische Revolutionsgarde ums Leben kamen. Er organisierte zahlreiche internationale Proteste gegen das Mullah-Regime, darunter auch im Oktober 2022 in Berlin, Anm. d. Red.)* – ich freue mich, dass sie meine Landsleute sind, das ermutigt mich.

Dass es solche Menschen gibt, lässt mich hoffen, dass es dann, wenn wir die Revolution gewinnen, ehrliche und mitfühlende Menschen an der Spitze des Landes geben wird. Das tut mir gut. Und noch etwas gibt mir die Verpflichtung weiterzumachen: Dass es Familien gibt, die in all den Jahren ihre geliebten Menschen verloren haben oder deren Kinder in Gefängnissen sitzen. Dieser Umstand motiviert mich, nicht aufzugeben, stark zu bleiben. Wenn ich Menschen sehe, die noch leben, die zusammenhalten, die immer noch weiter machen, dann bekomme ich Selbstvertrauen, ich fühle mich dann viel besser. Das gibt mir darüber hinaus auch noch das Gefühl der Verantwortung. Ich denke, wir sind verpflichtet, die geliebten Menschen, die diese Familien verloren haben, zu rächen. Das hilft mir, aus dem Zustand der Niedergeschlagenheit und Depression herauszukommen, in den ich von Zeit zu Zeit falle.

Es mag sich sehr simpel anhören, aber ich habe wirklich festgestellt, dass ich womöglich vieles in Kauf nehmen muss, was mir schaden kann

Was ich am meisten vermisse ist, ruhig zu schlafen. Und noch mehr vermisse ich die Tage, an denen ich nicht jeden Morgen nach dem Aufwachen gestresst mein Handy in die Hand nehmen muss, um zu sehen, ob etwas Schreckliches passiert ist. Ich vermisse es, beim Essen nicht an tausend negative Dinge zu denken. Überhaupt vermisse ich einen normalen Alltag, ohne ein schlechtes Gewissen zu haben und mich krank zu fühlen, weil ich überhaupt lebe.

Es musste erst eine Weile vergehen, bis ich einschätzen konnte: Wie vorsichtig bin ich? Wie opferbereit bin ich als Person?

Am Anfang war ich vielleicht ein bisschen zögerlicher als heute. Ich dachte, ich müsse vieles abwägen. Nun sind mehr als hundert Tage vergangen und wenn ich bedenke, was wir in diesem Zeitraum gesehen und durchgemacht haben, erkenne ich, dass mir eigentlich nichts wichtiger ist, als mein Ziel zu erreichen. In den letzten Monaten habe ich buchstäblich alles verloren: Meine Arbeit. Ich habe jahrelang geschuftet, um diese Stelle zu bekommen, und nun wurde alles innerhalb eines Monats vollständig zerstört. Auch viele Menschen in meinem Leben habe ich in letzter Zeit verloren, weil ich mit ihren politischen Einstellungen nicht konform ging; viel Geld habe ich verloren. Meine Ruhe und meinen gesunden Geist. Aber schließlich bin ich zu dem Schluss gekommen: Wenn man ein Ziel hat, und zwar ein großes, dann sind diese Dinge nicht von zentraler Bedeutung. Das Wichtigste ist, sich auf das zu konzentrieren, was man anstrebt – koste es, was es wolle. Auch, wenn es bitter ist. Es mag sich sehr simpel anhören, aber ich habe wirklich festgestellt, dass ich womöglich vieles in Kauf nehmen muss, was mir schaden kann.

Was mich selbst betrifft, überlege ich, was der nächste Schritt sein könnte und wo ich nach diesen Ereignissen stehen werde, was ich effektiv tun kann. Was kann ich der Gesellschaft, meinen Mitmenschen schenken? Ich weiß, dass ich helfen möchte.

Genauso weiß ich, dass die nächsten Phasen dieser Revolution sehr schwierig sein werden.

Anders als viele Menschen möchte ich gar nicht, dass Khamenei stirbt. Ich will, dass Khamenei *(seit dem Tod Ruhollah Chomeinis im Juli 1989 politisches und religiöses Oberhaupt des Iran sowie Oberbefehlshaber der Streitkräfte, Anm. d. Red.)* vor Gericht gestellt wird. Sollte er zu Tode kommen, glaube ich – das ist meine persönliche Einschätzung, für deren Richtigkeit es keine Gewähr gibt –, dass zwar moderatere Menschen an die Macht kommen, die sogar gewisse Freiheiten in der Gesellschaft zulassen werden, um das Volk zufrieden zu stellen. Das Mullah-Regime aber wird fortbestehen. Deshalb hoffe ich auf den Tag, an dem Khamenei vor Gericht steht.

Wir wissen, dass wir, wenn alles so weitergeht, keine Zukunft haben

Ich denke, es geht hier nicht nur um Mut und Tapferkeit. Aber dennoch können wir sagen, dass das, was wir heute machen, auch eine Frage des Mutes ist. Deshalb beschäftigt uns auch immer wieder die Frage, warum die Generationen vor uns weniger Mut aufgebracht haben. Meiner Ansicht nach liegt das daran, dass wir viel weniger zu verlieren haben als vorherige Generationen.

Wir wissen, dass wir, wenn alles so weitergeht, keine Zukunft haben. Die wirtschaftliche Situation lässt uns nicht einmal an Auswanderung denken. Wir haben keine Grundlage, auf der wir ein Leben aufbauen können und wollen. Wir wissen: Entweder müssen wir kämpfen und diesen Strom überqueren oder wir verändern nichts. Dann aber werden wir von Tag zu Tag schwächer, sei es wirtschaftlich oder psychisch. Und wir bleiben in unserer Freiheit beschränkt. Dann macht es keinen Unterschied, ob wir leben oder tot sind.

Ich denke, dass das der Grund ist, warum unsere Generation bereit ist, Opfer zu bringen, weil sie keine Zukunft für sich sieht. Und alles, was sie will, hängt davon ab, was in diesen Tagen passieren wird. Vielleicht hatten frühere Generationen in unserem Alter etwas erreicht, was sie nicht verlieren wollten; zum Beispiel eine Familie und Kinder. Auch wirtschaftlich hatten sie vieles, was sie bewahren wollten, um ihre Familien zu ernähren. Aber all das haben wir nicht. Bald sind wir 25, 26 Jahre alt und nirgendwo angekommen. Keiner von uns verdient mit dem, was er studiert hat, genug, wir haben keine Ersparnisse. Keiner hat Angst seine berufliche Position eventuell zu verlieren, weil keiner eine solche Position erreicht hat.

Zweifellos wünsche ich mir, angesichts psychisch wie auch wirtschaftlich schwieriger Zeiten, die wir im Iran gerade durchmachen, die Unterstützung von anderen Nationen. Solidarität hilft uns, jede E-Mail und jeder Brief helfen uns, worin die Politiker des jeweiligen Landes aufgefordert werden, diplomatische Beziehungen mit dem Iran abzubrechen, um die Islamische Republik unter Druck zu setzen. Ich erwarte, dass Menschen in anderen Ländern, die sich mit uns solidarisieren, auch diesen Schritt unternehmen – und wissen, dass auch sie Einfluss nehmen können, weil der Druck von außen auf den Iran die Situation für uns zumindest ein wenig verbessern kann.

Wir sind viel realistischer als die vorherigen Generationen. Mit realistisch meine ich, wir haben eine viel klarere Einschätzung der Rechte, die uns eigentlich zustehen müssten. Ich denke, dass dies vorher nicht der Fall war. Vielleicht haben Iranerinnen und Iraner bis jetzt so gelebt und die Repressionen des Regimes ertragen, weil sie sich ihrer Rechte als Menschen nicht bewusst waren.

Aber jetzt ist das nicht mehr der Fall, meine Altersgenossen wissen, wie sie leben wollen, wie sie weitermachen, wie sie Geld verdienen, wie sie sich kleiden wollen, und sie wissen, dass sie ein Recht auf all das haben, und, dass das alles selbstverständliche Bedürfnisse eines jeden Menschen sind. Während frühere Generationen mehr akzeptierten, stellt unsere Generation Fragen. Sie will überzeugende Begründungen und lässt sich von schlichten Antworten oder durch Gewalt nicht ruhigstellen, und sie tut, was richtig ist, und was sie tun will.

Normalerweise trage ich einfache Kleidung und einen Rucksack, den ich bei mir habe, wohin ich auch gehe. Darin befinden sich zusätzliche Masken, Mineralwasser, Zigaretten, Feuerzeug, eine Packung Feuchttücher für den Fall, dass sie mit Paintballkugeln auf uns schießen. Auch Sprachbücher oder Sportschuhe sind immer im Rucksack. Denn falls ich festgenommen werde oder jemand meinen Rucksack durchsucht, kann ich sagen, ich war unterwegs zum Sprachinstitut oder ins Fitnessstudio. Zu Beginn sagten wir uns gegenseitig, wir sollen kein Handy mit uns führen. Oder wenn, dann kein Smartphone. Aber jetzt wird denjenigen, die bei der Festnahme kein Smartphone oder kein Handy haben, vorgeworfen, Anführer:in zu sein, deshalb nehme ich mein Handy mit, aber ich lösche täglich alles.

Die Schlägertrupps des Regimes haben ein Mädchen vor unseren Augen getötet und nahmen es mit. Ich warte seit neunzig Tagen darauf, dass eine Nachricht über dieses Mädchen veröffentlicht wird, aber nichts passiert. Das beweist, dass die Zahl der getöteten Menschen, die Zahl der Gefangenen und der täglichen Verbrechen so hoch ist, dass man nicht mehr damit nachkommt, darüber zu berichten. Wir wissen, dass da viel mehr ist als das, wovon wir Kenntnis haben; ja, dass wir nicht einmal über ein Tausendstel der Gewalttaten Bescheid wissen, die unseren Landsleuten, den Gefangenen und den Menschen auf der Straße widerfahren.

Ich erinnere mich genau, dass ich an diesem Tag vor Angst auf der Straße geweint habe

Das erste Mal, als ich an einer Demonstration gegen das Kopftuch teilnahm – für mich war es überhaupt das erste Mal, dass ich an Straßenprotesten teilnahm –, ging ich mit einer Freundin hin. Ich will jetzt gar nicht darüber sprechen, wie viel Angst wir hatten und wie seltsam diese Erfahrung war, diese Angst, aber auch diese große Wut zu spüren. Ich erinnere mich genau, dass ich an diesem Tag vor Angst auf der Straße geweint habe. Ich habe vor Angst geheult. In diesem Moment wusste ich aber auch, dass mein Zorn und meine Wut über die Ermordung von Mahsa größer waren. Und mir wurde klar, dass jedes Verbrechen, das die Islamische Republik begeht, für uns viel mehr ist als ein einzelnes Verbrechen, denn es erinnert uns an alles Unrecht und alle Leiden, die uns in diesen Jahren zugefügt worden sind. Ich weine und denke gleichzeitig an all die Kinder, die im Flugzeug saßen, das von der Revolutionsgarde abgeschossen wurde; an all die Menschen in Gefängnissen, die auf ihr Gerichtsurteil, auf ihre Hinrichtung warten; an die Menschen in Einzelzellen, an alle, die bis jetzt getötet oder gefoltert wurden. Das ist eine riesengroße Wut und ein Groll, die wir als Generation in uns spüren, und die uns nicht zur Ruhe kommen lassen, so dass wir nicht mehr zu Hause sitzen bleiben können.

Mir ist durchaus bewusst, was mir alles passieren kann. Viele Menschen aus meinem Umkreis sind in dieser Zeit verhaftet worden. Der einzige Weg, um meine Angst zu überwinden, ist das Verantwortungsbewusstsein, das ich habe. Die Angst ist also da, alles ist wirklich beängstigend. Ich weiß, dass das Regime keine Gnade kennt. Sie können dir alles antun, aber leider oder zum Glück haben wir nichts mehr zu verlieren. Und das reduziert meine Angst. Das liegt natürlich auch daran, dass wir viel darüber sprechen, was passieren könnte. Wenn du jeden Tag ein sich wiederholendes Szenario hast – nun nicht immer wiederholend, aber nicht mehr so überraschend –, dich jeden Tag so sehr mit diesen Gedanken auseinandersetzt, dann kommt ein Moment, ab dem du dich daran gewöhnst und die Angst minimiert ist.

Meine größte Sorge ist, dass auch meine Eltern mit hineingezogen werden, wenn mir etwas passiert

Meinen Eltern habe ich es in den ersten Tagen verschwiegen, dass ich an den Protesten teilnehme. Erst nachdem ich wieder zurück war, erzählte ich ihnen, dass wir zu den Protesten gegangen sind und was alles passiert war. Als ich zum ersten Mal mit meiner Mutter und meinem

Vater darüber sprach, reagierte mein Vater sehr schockiert und meine Mutter weinte. Meine Mutter war zudem wütend, weil ich sie nicht vorher informiert hatte. Nachdem wir lange miteinander gesprochen hatten, sagte sie etwas zu mir, das ich nie vergessen werde. Sie sagte, Kind, ich weiß, du bist auch Teil dieser jungen Generation, die eine bessere Zukunft möchte. Versprich mir nur, dass du nie allein etwas unternimmst, und dass du auf dich aufpasst.

Nach diesem Gespräch ging es mir besser, auch weil ich begriff, wie offen meine Eltern mit diesem Thema umgehen und dass wir vielleicht sogar gemeinsame Wünsche haben. Ich bin sehr froh, dass ich mit meinen Eltern keine Differenzen habe. Tatsächlich bin ich sogar stolz darauf, dass meine über 50-jährige Mutter auf Instagram Texte für junge, kämpfende Menschen postet. Und ich bin froh, dass mein Vater kein Spießbürger ist. Meine größte Sorge ist, dass mir etwas passiert, was meinen Eltern Schwierigkeiten bereitet. Das belastet mich. Vielleicht ist es sogar das einzige Problem, auf das ich noch keine Antwort gefunden habe. Doch dann gewinne ich jedes Mal Zuversicht, indem ich mich an das Gespräch mit meiner Mutter erinnere, bei dem sie sagte: Wenn du auf die Straße gehst, hast du in diesem Moment weder Eltern, noch Familie. Es gibt nur dich und dein Heimatland, das es zu beschützen gilt. Du kannst nicht dafür garantieren, dass es keine Konsequenzen für uns gibt. Das musst du akzeptieren.

Wir wissen: Entweder müssen wir kämpfen und diesen Strom überqueren oder wir verändern nichts.

VERLAGSNOTIZ

In den vorliegenden Interviews und Texten wird immer wieder Bezug genommen auf die Revolution 1979 im Iran, in deren Verlauf der damalige Schah von Persien, Mohammad Reza Pahlavi, mit seiner Familie ins Exil gezwungen wurde, während der geistliche Führer Ruhollah Chomeini aus seinem Pariser Exil nach Teheran zurückkehrte. Er war von einer großen Mehrheit iranischer Geistlicher, Intellektueller und links gerichteter Gruppierungen, Männern wie Frauen, unterstützt worden, die nichts mehr herbeisehnten als den Sturz der verhassten Monarchie. Einig waren sich die verschiedenen Lager, bei allen Unterschieden, darin, dass es nur besser, freier, demokratischer werden könnte. Aber bereits wenige Tage nach dem Umsturz setzte eine Verhaftungswelle ein mit Repressionen und Hinrichtungen. Auch die unter dem Schah relativ frei agierende Presse wurde Zug um Zug ausgeschaltet.

Frauen, die unter dem Schah die Möglichkeit erhielten, Scheidungsklagen einzureichen, wurden ihre Rechte auf allen Gebieten genommen und sie wurden gezwungen, den Hijab zu tragen. »1983 beschloss das neue iranische Parlament, Frauen, die ihre Haare in der Öffentlichkeit nicht bedeckten, mit 74 Peitschenhieben zu bestrafen. Ab 1995 war es möglich, dass Frauen ohne Hijab bis zu 60 Tage inhaftiert werden konnten. Ein Höhepunkt der Islamisierung der weiblichen Kopfbedeckung war das 2006 verabschiedete ›Gesetz über Keuschheit und Hijab‹, das die Intervention der ›Sittenbehörden‹ auf der Straße zuließ.«[1]

Seit der Revolution sind 44 lange Jahre vergangen. Zum Vergleich: Die Berliner Mauer stand 28 Jahre. Natalie Amiri ist ein Jahr vor der Revolution in Deutschland geboren. Wäre sie im Heimatland ihres Vaters zur Welt gekommen, würde sie nur das Mullah-Regime kennen. Drei Generationen ertragen nun schon über vier Jahrzehnte ein zutiefst Menschen- und Frauenverachtendes System.

Das Besondere an dieser Revolution ist nun aber nicht nur, dass sie von Frauen und ethnischen Minderheiten angeführt wird, sondern dass die gesamte Jugend, die Älteren und Alten, egal wo und wie sie leben, keine Zukunft, keine Hoffnung mehr für sich sehen. Der Umsturz muss gelingen.

Für dieses Buch sind Frauen im Iran oder im Exil unter schwierigen Umständen von Natalie Amiri und Düzen Tekkal interviewt worden. Einige von ihnen haben Nachrichten aus Gefängnissen geschmuggelt, bei anderen war es schwer, nachzufragen, ohne sie in Gefahr zu bringen. Oppositionelle leben auch im Exil gefährlich. Fragen nach Erlebtem lassen Wunden immer wieder schmerzen, von denen keine verheilt ist. Insofern gilt unser großer Dank nicht nur den beiden Herausgeberinnen, die sich tagtäglich in großer Intensität sehr emotionalen Gesprächen und erschütternden Berichten aussetzen und als Schallverstärker einsetzen, sondern auch dem Mut der Frauen, die unter Einsatz ihres Lebens für sich und alle anderen Frauen im Iran oder im Exil für Freiheit und Frieden kämpfen.

1 Quelle: Reinhard Schulze, NZZ vom 17.11.2022

2. Auflage 2023
978-3-949582-20-2

Übersetzung aus dem Persischen:
Mahmoud Hosseini Zad

Redaktion, Übersetzungen aus dem Englischen,
Lektorat: Elisabeth Sandmann, Anne Stukenborg,
Claudia Teibler, Antonia Meiners

Alle Fotografien im Buch wurden von den Frauen selbst zur Verfügung gestellt: 9 © Markus C. Hurek; 14 © Ghazal Abdollahi; 21 © Aliyeh Motallebzadeh; 22 © Sepehr Atefi; 32 © Lennart Ootes; 40 © Antonia Hrastar; 48 © Ani; 56 © Stadt Frankfurt am Main/ Katharina Dubno; 62 © Fariba Balouch; 68 © Orit Pnini; 76 © Avelina Boateng; 86 © Shirin Ebadi; 92 © Kambiz Foroohar; 102 © Narges-Mohammadi; 116 © Nazanin Boniadi; 124 © picture alliance / abaca | Khademian Farzaneh; 134 © Leily

Das Zitat von Forugh Farrochzād auf S. 61 stammt aus der Sendung »Iranische Ikone der Freiheit«, Deutschlandradio Kultur, 12.6.2011.

Umschlag, Gestaltung und Satz:
Sofarobotnik, Augsburg & München

Lithografie und Herstellung: Jan Russok

Druck und Bindung: GGP Media GmbH, Pößneck

Besuchen Sie uns im Internet unter www.esverlag.de